KB265288

악녀의 협상법

쇼핑에서 부동산까지
어수룩하게 당하지 않는

악녀의 협상법

다카스기 히사타카 지음 · 정택상 옮김

이아소

인생 승리의 기술, 세상 최고의 재테크

요즘 같은 시대에는 가진 것을 잘 지켜야 부자로 살 수 있다. 사실 아무리 많이 벌어도 제대로 지키지 못하면 빈곤한 삶을 면할 수 없다. 쇼핑에서 부동산, 나아가서는 연봉 협상이나 장보기 등등 살펴보고 돌아볼수록 '조금 더 생각하고 한두 번만 따졌어도' 새어나가지 않았을 돈이 적지 않다.

왜 나는 이렇게 야무지지 못할까? 불어난 청구서와 줄어드는 잔고에 한숨 푹푹 쉬다 보면 금세 친구나 지인의 모습이 떠오른다.

나는 고양이 앞의 쥐처럼 부담스러운 상사인데, 오히려 그녀 앞에서는 나긋나긋 부드럽다. 옷 한 벌을 사러 가도 이 가격엔 안 될 것 같은 물건이 그녀들 차지. 부동산 중개업소를 가도 인상 한 번 찌푸리지 않고 목소리 높이지도 않고 가격을 흥정한다. 내 귀는 팔랑거리고 내 손은 저절로 지갑을 여는데 그녀들은 항상 '알겠다'는 한마디로 끝. 이제는 절대로 못 깎을 줄 알았는데 그녀들의 한두 마디에 가격이 또 내려간다.

정보력의 차이일까? 나도 밤새 인터넷 사이트 뒤져가며 갖가지 정보를 수집했건만 결과는 언제나 신통치 않다. 말싸움에선 나도 밀리지 않는데……. 도대체 비밀이 뭘까? 물어봐도 웃기만 하는 그녀들, 답답하기만 하다.

그녀들의 비밀은 한마디로 협상의 기술이다.

나는 금융회사인 J. P. 모건, 컨설팅 그룹인 매킨지, 석유회사인 액슨 모빌 등에서 20년 가까이 협상 실무를 담당했다. 지긋지긋할 정도로 심리전과 기 싸움을 경험했다. 그런 내 눈에도 그녀들은 정말 프로로 보인다.

얄미울 정도로 실속을 챙기지만 절대로 밉지 않은 그녀들. 정말이지 '저런 여자라면 결혼하고 싶다'는 마음이 절로 생기는 악녀들. 특별히 연봉이 센 것 같지도 않은데, 그렇다고 아등바등 빈티 내며 사는 것 같지도 않은데 통장 잔고가 언제나 든든한 그녀들.

이런 '악녀들'을 볼 때마다 어떤 남자건 간에 저런 여자와 같이 산다면 복 받은 인생이라고 생각한다.

협상은 인생 승리의 비법이고 확실한 재테크 전략 가운데 하나다. 또한 복잡하고 빠르게 변하는 현대 사회, 장기화된 불경기 시대에 살아남기 위해 꼭 알아야 할 테크닉이 됐다. 특히 생활 속에서 크고 작은 흥정과 거래, 재테크나 지출을 많이 해야 하는 여성들에게는 필수적인 기술이다.

하지만 아직도 많은 여성들이 '협상' 하면 남자들이 나라와 조직을 위해 하는 거창한 그 무엇이라고 오해한다. 협상은 그리 거창한 게 아니다. 옷 한 벌을 사도, 아파트 매매계약을 해도, 학원비를 지출해도 협상을 하는 것이다. 협상은 한마디로 사악한 잔꾀를 배제하고 합리적으로 서로의 이해관계를 조율해서 이익을 극대화하는 커뮤니케이션이다.

대부분의 여성들이 협상은 대단히 어렵고 복잡하다고 생각한다. 하지만 야무진 악녀들의 심리전을 들여다보면 전혀 복잡하고 어렵지 않다. 사악하지도 않다. 쿨하고 단순하다.

나는 이 책을 통해 '쿨하고 단순한 협상의 기술', 지금껏 소수의 악녀들만이 본능적으로 실천해왔던 심리전의 원칙을 알려주려고 한다. 이것은 세계 최고 금융그룹인 모건이나 경제 신문에 하루도 빠질 날이 없는 컨설팅 그룹인 매킨지, 세계 최대의 석유 회사인 엑슨 모빌에서도 쓰는 기법이다.

하지만 거듭 강조하건대, 전혀 복잡하지 않다. 알면 단순하고, 알면 아주 득이 되는 것을 우리는 지금껏 '에이, 여자가 무슨 협상?' 하는 선입견으로 손사래를 쳐왔던 것이다.

제1장에서는 악녀들의 협상법에 필요한 다섯 가지 기본 전략을 소개한다. 협상은 악착같이 남의 것을 빼앗고 내 것은 절대 내놓지 않는 것이 아니다. 함께 이익을 도모하고 상대를 영원히 내 편으로 만드는 것이 협상이다.

정말 중요한 대목은 2장이다. 여자들이 일상생활에서 가장 많이

'당하는' 악덕 협상 전술에 대한 대처법을 정리했다. 사실 사악한 잔꾀에는 몇 가지 유형이 정해져 있고, 알기만 해도 어지간해서는 당하지 않는다.

제3장에서는 앞 장에서 정리한 협상의 심리적 측면에 초점을 두어, 협상을 원만하게 진행하기 위해 꼭 알아야 할 포인트를 해설했다.

부록에는 재테크의 꽃이요 일생일대의 거래라 할 아파트 매매를 사례로, 생활 협상의 실례를 준비했다. 복수의 협상전술을 사용해 교묘하게 공략해오는 상대에게 대응하기 위한 모범 사례를 제시했으니 성실히 학습하면 좋겠다.

각 장은 실패 사례와 그에 대한 분석, 그리고 똑같은 케이스에서 성공한 사례를 제시하고 있다. 읽어보면 금세 고개를 끄덕일 정도로 쉽다. 살면서 이런 대화 한 번 해보지 않은 여자는 없을 것이다. 물론 어떤 대목은 협상의 고수들도 잘 모르는 것이고 살짝 어렵게 느껴질 수도 있다. 읽지 않고 넘어가도 상관없지만 고수들의 세계를 엿본다는 기분으로 접해보면 좋을 것이다.

끝으로 이 책은 내가 담당했던 NHK 〈TV 비즈니스 월드〉를 토대로 구성한 것이다. 책 출판에 적극 협조해주신 NHK 에듀케이셔널 여러분과 NHK 여러 스태프들에게 감사드린다.

Chapter 3   뒤돌아서서 후회하지 않는 협상의 심리학

부록   쇼핑에서 부동산까지 협상에서 승리하는 법

똑똑한 악녀들이
남들보다 먼저
협상을 배우는 이유

— 이 책에서는 상대를 때려눕히기 위한 테크닉이 아니라
'상호 만족도를 최대화하는 생산적 협상'을 위해 필요한 테크닉과 태도를 설명하겠다.

— 왜 '생산적 협상'이 중요한 것일까? 그것은 아무리 협상에 성공했어도
상대방에게 응어리를 남기는 방법을 쓰면, 좋은 관계를 유지할 수가 없어지고
결국은 자기 자신에게 피해가 올 것이기 때문이다.

— 경기 침체가 장기화되고 경쟁이 치열해질수록, 다종다양한 범죄나 사기도
증가하는 경향을 보인다. 자기를 지키기 위해서라도 '협상'의 기술이 필요한 것이다.

— 이 책의 협상 테크닉은 말이 다르거나 문화가 다른 사이에서도 충분히 활용될 수 있다.
왜냐하면 상대가 누구이든, 상대가 어떠한 테크닉으로 다가오는지를
파악하면 되기 때문이다.

이젠 여자도
협상을 배워야 한다

요즘은 옛날처럼 어수룩하게 살아서는 당하기 딱 좋은 사회가 됐다. 논리와 실력, 준비, 기술과 전략이 언제나 필요해졌다. 명분이나 도덕보다는 이익과 실속을 더 쳐준다. 정이 메말랐다고 한탄하는 사람도 많다.

'20년 단골 거래처가 거래 중단을 통보해왔다. 치열한 국제 경쟁 때문이라고 하더라. 회사가 지금 발칵 뒤집혔다. 코스트를 낮출 방법도 찾고 있고, 거래처와 합리적인 조건으로 재계약을 하기 위해 협상 전술을 짜느라 머리가 아프다.' (제철회사 영업담당자)

'회사가 외국계 기업 산하에 들어갔다. 연봉 협상이 완전히 달라졌다. 내 주장을 똑부러지게 못해서 엄청나게 손해를 봤다.' (자동차기업 대리)

우리는 하루에도 몇 번씩 세상이 변했다는 걸 실감한다. 최근의 거대한 환경변화에서 유래한 경제적·사회적 요구에, 우리들도 대응하지 않을 수 없게 됐다.

20년 전, 30년 전만 해도 이렇지 않았다. 경제는 한 해에도 7퍼센트나 8퍼센트씩 성장했다. 요즘 중국이 그 정도로 성장하니까 세계 모든 나라들이 부러워하고 거기로 몰려간다. 경제가 성장하면 일자리나 돈 벌 기회가 많아진다.

좋았던 호시절에는 우리 역시 어떻게 살아도 성실하기만 하면 그럭저럭 남부럽지 않게 살 수 있었다. 남자는 직장 구하기 쉬웠고 여자들은 신랑감 찾기 좋았다. 하지만 지금은 한 해에 4퍼센트만 성장해도 환호성이 들린다. 새 일자리와 신규 고객이 늘지 않으니 같은 일자리, 같은 고객을 두고 경쟁이 치열해질 수밖에 없다. 너 죽고 나 살자는 부당한 마인드도 판을 친다.

일도, 사랑도, 인간관계도 달라졌다. 그저 시키는 일만 성실하게 해서는 대접받지 못한다. 전략적으로 내가 성장할 수 있는 일을 하고 협상을 통해 당당히 내 몫을 주장해야 한다. 날카롭게 이해를 따지고 사랑도 비즈니스라는 말까지 나온다. 이러니 사람 알아보는 눈을 키워야 하고 함께 만나서 서로의 인생을 더 부유하게 만들 수 있는 철학과 테크닉을 갖춰야 하게 됐다. 예전이라면 계산적이라는 핀잔을 들었을 이야기다.

하지만 세상은 변했다. 여자도 따라가야 한다.

여자를 부자로
만드는 기술

그냥 좋은 게 좋은 거라는 사고는 어디에서도 대접받지 못한다. 다른 사람과 새로운 관계를 구축하려면 서로가 상호 이익을 지키기 위해서 정당성을 지니고 '협상'을 해야 한다. 즉 우리는 지금 '새로운 관계를 모색하는 프로세스'로서의 '협상'을 수행해야만 하는 시대를 살아가고 있다.

협상이란 말이 계산적이고 어려워서 싫다는 여자들이 많다. 아직도 낡은 관념을 버리지 못한 것이다. 예전에 여자들은 남자가 가져다준 월급봉투를 이리 쪼개고 저리 붙여서 아껴 쓰고 가계부를 꼼꼼히 쓰면 됐다. 지금은 아무도 그런 생활을 꿈꾸지 않는다. 하지만 협상에 대해서는 아직도 꺼려한다.

에이, 우리가 그런 것까지 해야 해?

컴퓨터를 생각해보자. 불과 20년 전만 해도 첨단 기술자들이나 쓰던 물건이다. 기계와는 거리가 멀었던 여성들이 컴퓨터를 조작해서 갖가지 복잡한 업무를 수행하고 사랑을 하고 우정을 나눈다. 협상도 컴퓨터나 하등 다를 것이 없다. 조금만 지나면 상식이 될 기술이다. 남보다 먼저 공부하면 당연히 돌아오는 이익도 많다.

이미 소수의 사람들은 비즈니스 현장에서 쓰던 협상 기술을 생활에 활용한다. 그들은 치열한 경쟁과 구조조정 바람 속에 회사를 나와 자기 살 길을 찾은 사람들이다. 그들은 회사에서 갈고닦은 협상과 업무의 노하우를 일상생활에도 비밀스럽게 활용하고 있다.

어수룩한 사람들, 특히 순진하고 물정 모르는 착한 여자들이 이래저래 휘둘리고 손해를 본다(협상의 기술, 협상의 심리 전술이 얼마나 교묘하게 우리 생활 곳곳에 파고들었는지 알면 다들 깜짝 놀랄 것이다).

우리 눈에는 쉬 띄지 않아도 '이런 것도 공부를 해?'라고 혀를 내두를 정도로 열심히 연구하는 사람들이 적지 않다. 준비하고 노력하는 악녀가 되지 않는다면 가진 것을 불리기는커녕 지킬 수도 없는 시대가 된 것이다.

사실 지금은 협상할 줄 아는 여성이 부자가 되고 넉넉하게 살 수 있는 시대다. 소비를 주도하고 가정의 경제 운영과 재테크를 주도하는 것은 다름 아닌 여자들이다. 시내 중심가의 화려한 매장들, 인터넷에 넘쳐나는 쇼핑 사이트들, 남편과 자녀들의 물건들, 은행과 금융사들, 부동산 중개업소는 모두들 여자를 바라본다.

여자들을 유혹하고, 속이고, 설득하려고 한다. 협상을 아느냐 모

르느냐에 따라 앉은 자리에서 TV 한 대, 한 달 외식비, 1년 다이어
트 비용이 왔다 갔다 할 수밖에 없다.

일도, 사랑도,
인간관계도 달라지는
커뮤니케이션 전략

현대 사회를 살아가는 여자에게 협상이란 좋은 인간관계를 만드는 핵심 전략이기도 하다. 사실 여자들은 본능적으로 협상과 거래에 능해서 독해지기로 마음만 먹으면 남의 것을 악착스럽게 빼앗는 데 능하다. 하지만 이렇게 이겨본들 나중에는 남는 것이 없다. 한두 푼 더 얻자고 사람을 버리면 소탐대실, 고립무원의 지경에 빠진다.

그저 악착같이 내 것만 틀어쥐고 남의 것은 빼앗는 무식한 기술이 아니라, 합리성과 성실함이 필요하다. 자기가 지금 지향하는 목표가 확고하며 정당한 인생관에 기초해 있을 때, 비로소 협상은 여자의 인생을 승리로 이끄는 전략이 된다.

'협상 기술'은 이해관계로 얽혀 있는 현대 사회를 헤쳐 나가는 '관계 구축을 위한 커뮤니케이션 기술'이다. 전문 용어로 하자면 파이의 몫을 다투는 '제로섬' 협상이 아닌 '상호 만족도를 높이는 쌍방향 커뮤니케이션 프로세스'로서 받아들여야 한다. 여자들은 감정에 좌우되기 쉬워서 협상에 쉽사리 적응을 못한다. 하지만 알고 보면 협상만큼 여자를 아름답고 우아하게 만드는 기술도 없다.

정말 못돼먹은 여자와 야무진 악녀의 차이는 '오래 가는 관계'를 만들려고 하는가, 곶감 빼먹듯이 자기 잇속만 얄밉게 챙기고 마느냐의 차이다. 악녀로 살고 싶다면 협상을 배워야 한다. 그것도 아주 생산적인 협상을 말이다.

여자의 인생이란 단기 승부가 아니다. 한두 번 말싸움이나 기 싸움에서 이기면 그 때야 통쾌하고 시원하겠지만 두고두고 생각하면 그것만큼 바보짓도 없다. 장기적으로 좋은 관계를 만들고 존속시키는 '생산적 협상'은 현명하고 우아하며, 가장 큰 이익을 가져다준다.

예를 들면, 판매자와 구매자의 관계를 생각해보자. 만약 판매자만 이익을 얻는 협상을 지속한다면, 구매자는 관계를 깰 것이다. 역으로 구매자만 이익을 얻는 협상이라면, 결국 판매자는 파산해버릴 것이다.

기분 좋게 나눠주고 실속 있게 챙기는 기술, 그래서 만나는 서로가 이익이 있는 협상은 장기적으로 존속 가능한 관계를 만든다.

세상을 내 편으로 만드는 협상의 전략

- 제1장에서는 협상을 '상호 만족도를 최대화하는 프로세스'로 만드는 데
필요한 5가지 기본을 설명하겠다.

- 이들 5가지 기본은 이성, 성실함, 그리고 열의를 원천으로 한다.

- 여기서 잊지 말아야 할 것은 끓어오르는 부정적 감정을 다스리면서,
자신과 상대방을 분석하는 이성으로 무장한 자세다.
이것이 가능하면 비로소 '생산적인 협상'의 전제가 되는
성실함과 열의가 생겨나게 된다.

꼼꼼하게 들어라, 상대가 가장 원하는 것을 알 수 있다

▶ 주의 깊은 경청으로 상대의 의도를 간파한다

Negotiation Theory
Session 1

단순히 귀를 빌려주는 것만으론 충분하지 않다

협상을 자신의 주장을 관철시키는 것이라고 생각하는 사람들이 적지 않다. 그러나 그것은 오해다. 생산적인 협상에서 가장 중요한 점은 오히려 그와 반대로 상대의 말을 주의 깊게 듣는 것이다.

'상대의 말을 주의 깊게 듣는다'는 것은 상대의 말을 단순히 수동적으로 듣는 것과 다르다. 그것은 상대의 발언에 주의를 집중함으로써 상대를 이해하려는 노력을 말한다. 신중하게 상대의 말에 귀를 기울이지 않는 한 상대의 메시지를 이해할 수 없다. 다음에 자신이 발언할 말을 준비하느라 정신을 팔면 상대의 진짜 목적이나 관심사가 머릿속에 들어오지 않는다. 상대방이 가장 원하는 것이 무엇인지를 이해하기 위해서는 상대방의 말에 적극적으로 귀를 기울이는 자세가 필요하다.

　나의 경험에 따르면, 협상에 서툴고 협상 테이블에서 이리저리 휘말리는 사람의 90퍼센트는 제대로 들을 줄 모른다. 경청의 기술이 현저히 떨어지는 것이다. 지레 해석하는 사람도 함정에 쉽게 걸려든다.

주의를 집중해서 상대의 진의를 이해한다

상대의 말을 주의 깊게 들어야 하는 이유는 상대의 목적, 관심사나 가치관을 충분히 이해하고, 그것을 자기의 주장과 대안 내에 정확히 위치 짓기 위해서다. 상대의 진의는 표면적인 입장이나 구체적인 요구의 이면에 존재한다. 그것을 파악하려면 상대의 발언에 주의를 집중하여 진의를 이해하려고 노력할 필요가 있다.

전체상을 파악하고, 문제를 발견하는 노력을 한다

'상대의 말을 주의 깊게 듣는다'는 것은 문제를 구조적으로 파악함과 동시에 진짜 과제에 접근하는 분석적인 프로세스이기도 하다. 상대의 발언은 퍼즐의 그림 조각과 같은 것이다. 단편적인 정보로부터 전체상을 파악하여 문제의 본질이 무엇인지를 알아낸다. 상대의 말을 주의 깊게 들으면 문제를 발견할 수 있다.

'상대의 말을 주의 깊게 듣는 것'은 생산적인 협상의 출발점

구체적인 요구의 이면에 존재하는 목적, 관심사나 가치관을 서로 명확하게 이해하지 못하면 협상은 처음부터 난관에 부딪히게 된다.

그렇기 때문에 '상대의 말을 주의 깊게 듣는다'는 것은 효과적인 협상의 출발점이라고 할 수 있다. 대부분의 협상에서는 서로의 이해관계나 관심사를 단편적으로 이해하거나 상대의 관심사를 오해하는 경우가 많다. 처음부터 서로를 정확하게 이해함으로써 불필요한 노력을 대폭 줄일 수 있다.

꼼꼼하게 들어라 – 실패 사례

종업원인 시노다 씨가 매니저인 야마다 씨에게 새로운 컴퓨터 소프트웨어의 도입을
승인받기 위해 사무실을 방문했다. 자칭 터프한 협상가인 야마다 씨,
그 상황을 어떻게 처리하려 할까?

매니저 : 야마다	종업원 : 시노다

하지만 야마다 씨, 현재 쓰고 있는 마이윈도2005 시스템이 상당히 낡았다는 건 잘 아시잖습니까. 다른 부서에서 사용하는 것과 호환성도 없고요.

(말을 자르면서) 남의 떡이 더 커 보이는 법이지. 마이윈도2005만 해도 겨우 2, 3년 전에 도입했고, 별문제 없이 작동하고 있잖나. 시스템의 업그레이드는 반드시 문제를 일으킬 걸세. 속담에도 있잖나. 고장 나지 않은 것은 고치지 말라고.

(화난 감정을 숨기고) 알겠습니다.

여러 가지 바람이 있겠지만, 회사 상황도 심각하니까……. 또 일이 있으면, 언제라도 상담하러 오게. 의미 있는 의견 교환은 언제든지 환영하니까.

어디가
잘못됐던 것일까?

협상 과정, 특히 상대의 진의를 이해한다는 관점에서 야마다 씨의 발언을 평가해보도록 하자. 독자들 중에는 내가 설마 이럴까 하면서 피식 비웃는 사람도 적지 않을 것이다. 하지만 일상의 업무나 생활 속에서 다른 사람의 눈에 비친 자신의 모습은 의외로 야마다 씨와 비슷한 경우가 많다. 다만 자신이 못 느낄 뿐이다. 자신이 겪었던 사례 또는 자신의 모습이라고 생각하면서 평가에 임해보자.

✖ 상대의 발언을 잘라버린 것

매니저인 야마다 씨는 시노다 씨의 발언을 잘라버렸다. 그러면 상대는 강한 욕구불만을 느낀다. 자신의 주장을 제대로 전달하기도 전에 가차 없이 거절당했다고 느끼기 때문이다.

▶ 상대의 말을 끝까지 듣는 인내력을 가진다

우선 상대가 충분히 발언을 하도록 한다. 협상할 때 상대의 말을 끝까지 듣는 것은 가장 기본적인 자세다. 자기주장이 제대로 상대방에게 전달되었다는 만족감은 말을 들어준 상대에 대한 신뢰감을 높이기 때문에 협상을 원만하게 진행하는 데 매우 중요하다.

협상가에겐 상대의 말을 충분히 듣는 인내력이 필요하다. 또한 거기에 그치지 않고, "어떻게 생각합니까?", "……에 대해서 당신은 어떻게 생각하시죠?" 등을 물으며 적극적으로 상대의 발언을 끌어내는 노력도 필요하다.

▶ 상대의 진의를 파악한다

상대의 주장에 세심하게 귀를 기울이면 표면적 요구나 입장만이 아니라 상대의 발언에 담긴 암묵적인 전제나 가치관, 목적, 관심사를 파악할 수 있다. 그 결과 상호 만족도를 높일 수 있다. 좋은 결과를 가져다줄 수 있는 제안의 실마리를 잡기 쉬워지는 것이다.

상대의 사고방식을 파악하려면 "만약 ……한다면?"과 같은 질문을 해보는 것이 효과적이다. "만약 최소 거래량을 늘려보면 어떨까요?", "보상 범위를 넓혀보면 어떨까요?" 등이 구체적인 사례다. 그 답으로부터 상대의 목적, 관심사나 우선순위를 파악할 수 있다.

앞의 사례에선 "만약 새로운 소프트웨어를 도입하면 어떤 이점이 있을까?"라고 야마다 씨가 시노다 씨에게 질문할 수 있을 것이다.

✖ 일방적인 결론으로 서둘러 정리한 것

발언을 잘랐기 때문에 야마다 씨는 상대방 제안의 이점을 충분히 이해할 수 있는 기회를 놓쳐버린 셈이다. 그는 "시스템의 업그레이드는 비용이 들고 반드시 문제를 일으킬 것"이라고 일축해버렸다. 시노다 씨도 자기의 제안에 따른 비용 절감의 이점을 내세워야 했지만 그렇게 하지 못했다. 결국 야마다 씨는 상대의 진의를 파악하지 못했기 때문에 자기 맘대로 결론을 내버린 것이다.

사람은 단편적인 정보를 얻으면 자기식으로 해석하는 경향이 있다. 유능한 협상가라면 결론을 내리기 전에 상대의 입장을 충분히 듣고 이해하는 자세가 필요하다.

▶ 자신이 이해한 내용이 정확한지를 상대에게 확인받는다

협상에서는 상대방이 한 발언의 의미를 확인하는 것이 중요하다. 상대의 말을 귀 기울여 들었지만 명확하지 않은 부분이 있다면 반드시 다시 물어 확인한다. 자신이 이해하고 있는 바가 맞는지를 상대에게 확인한다. "틀렸다면 다시 한 번 설명해주세요. 내가 이해하기엔 당신의 말은……" 혹은 "나는 이러이러하게 이해하고 있는데, 그게 맞습니까?" 하고 확인할 필요가 있다.

✖ 말과 태도가 일치하지 않는 것

겉으로 드러나는 말과 그 사람의 태도가 일치하지 않을 때, 보통은 그 사람의 태도를 근거로 판단한다. 아무리 미사여구를 늘어놓아도 태도에 성실성이 결여되어 있으면 역효과를 낳을 뿐이다.

▶ 성실함은 필수불가결

'상대의 말을 잘 듣는다'는 것은 상대의 주장을 이해하는 것에만 국한되지 않는다. 내가 이해한 것에 대해 상대가 신뢰하는 것이 중요하다. 그러려면 내가 상대방의 메시지를 정확하게 이해했다는 것을 상대에게 확신시키는 것만으로는 불충분하다. '감정이입' 그리고 '성실함'이 필수불가결하다. 이것이 빠져 있으면 내가 진짜 상대를 이해하고 있다는 것이 상대에게 전달되지 않는다.

꼼꼼하게 들어라 – 성공 사례

매니저 : 야마다	종업원 : 시노다

시노다: 바쁘실 텐데,
시간을 내주셔서 감사합니다.

야마다: 뭘, 괜찮아.
그게 내 일이니까.
일이 있으면 언제든지 찾아오게.

시노다: 그렇게 말씀해주시니 기쁘네요.
사실 오늘 말씀드릴 것은
새로운 소프트웨어의 필요성에
관해서인데요, 생산성 향상과
경비 삭감을 위해 반드시
필요하다고 생각합니다.

→ 제안의 목적과 이점을 처음에 확실하게
전달하고 있다. 상대에게 자신의 목적을 알기
쉽게 설명해야 한다.

야마다: 새로운 소프트웨어를 도입하면
생산성이 올라가서 경비도
삭감될까? 좀 더 자세히 설명해주면
좋겠는데. 자네도 알다시피
회사 전체가 경비 절감을 위해
무척 노력하고 있는 상황이야.
우리 사업부도 예외는 아니잖나.
우리도 어떻게든 올해 안에 경비를
30퍼센트 삭감해야만 할 상황이야.

→ 말을 끊지 않고 끝까지 들은 다음, 상대가
말한 내용을 확인하고 있다. 또한 회사의 상
황을 설명하면서 진의를 찾기 위해 추가적인
설명을 요구하고 있다.

현재 쓰고 있는
마이윈도2005 시스템이
상당히 낡았다는 점은 아실 겁니다.
다른 부서에서 사용하는 것과
호환성도 없고요. 이 때문에
상당량의 수작업을 해야 하는
상황입니다. 그 결과 다수의
보조직원을 고용해야만 합니다.

결국 현재의 시스템이 생산성을
떨어뜨리기 때문에 경비가
오히려 많이 발생한다는 말이군.

→ 상대의 제안을 이해한 것을 표명함에 따라 상대가 안심하게 된다. 시노다 씨는 매니저가 자기의 말을 충분히 이해하고 있다고 느낄 것이다.

예, 맞습니다.

그렇다면 새로운 소프트웨어
투자에 얼마나 이점이 있을까?

대략 계산한 것이지만, 장기적으로는 인건비의 40퍼센트를 절감할 수 있으리라 생각합니다.

40퍼센트라, 굉장하군.
시스템 부문의 의견도 모아서
좀 더 정확한 예측을 해보지 않겠나?

→ 상대의 말을 이해·확인하고, 실행안으로 연결 짓기 위해 제안을 하고 있다. 이것이 바로 생산적인 협상이다.

물론입니다. 그럼 가능한 한
빨리 결과를 보고하겠습니다.

상대의 숨은 욕구나
이해관계를 밝혀내라

협상을 '상호 만족도를 높이는 프로세스'로 파악할 때, 상대가 요구하는 내용, 관심사의 핵심을 잘 아는 것은 매우 중요하다. 왜냐하면 상대의 숨겨진 욕구나 이해관계를 만족시킴으로써 자신의 만족도를 높이는 양보를 끌어낼 수 있기 때문이다.

이해관계의 우선순위를 생각한다

예를 들면, 상거래 상담에서 상품, 가격, 수량 등의 항목 가운데도 우선순위가 숨어 있을 것이다. 판매자인 상대의 회사가 가장 중요시하는 것이 판매 수량이라면 대량 구입 의사를 제시해 가격 인하를 끌어낼 수 있을지도 모른다. 만약 상대가 빨리 계약을 체결하려고 한다면, 빠른 결정을 내림으로써 다른 것에서 양보를 이끌어낼 수 있을 것이다. 즉 상대의 목적, 관심사의 우선순위를 파악하면 양쪽이 기분 좋게 이해관계를 충족시킬 수 있다. 이러한 프로세스가 생산적인 협상이다.

발견하기 어려운 욕구에 주의한다

상품, 가격, 수량 등 겉으로 드러나는 항목 이외에도, 상대에게는 보이지 않는 욕구가 반드시 있을 것이다. "향후에 트러블을 피하고 싶다", "상사에게 인정을 받고 싶다", "자기 일이 중요하다는 것을 알리고 싶다", "상대에게 호감을 주고 싶다", "정직하고 성실하다 는 평가를 받고 싶다", '권력을 휘두르고 싶다', "빨리 일을 끝내고 싶다" 등등.

뉴욕의 거대 출판그룹 P사가 소규모 무점포 비디오 판매회사 A 를 인수하기 위해 협상을 벌였을 때의 일이다. P사뿐만 아니라 A사 의 오너도 비디오 판매회사의 성장세를 유지하려면 주식 매각이 불 가피하다는 점을 잘 알고 있었다. P사 쪽은 협상이 일사천리로 진 행되리라 기대했다. A사에 제시한 금액이 파격적이었기 때문이다.

그런데 P사 측의 기대는 보기 좋게 빗나가고 말았다. A사의 규모 나 성장세에 비춰보자면 매우 높은 인수 금액이었는데도 A사는 미 적지근한 태도를 보였다. P사 협상단에서는 당연히 안 좋은 소리가 흘러나왔다.

"완전히 배짱을 부리는걸. 기본적인 상도덕조차 모르는군."

"우리가 질질 끌려가며 협상할 이유가 있나? 다른 회사를 인수해 서 키우는 게 더 빠르겠어."

분위기를 반전시킨 것은 P사의 젊은 여성 협상 스태프였다. 모든 정보를 샅샅이 훑어봐도 A사 사장이 상도덕을 무시하거나 탐욕스러운 사람 같지는 않았다. 그녀는 문득 텍사스에서 목장을 하던 자기 아버지의 모습을 떠올렸다. 그녀는 A사 사장이 회사를 세우고 키워온 과정을 면밀하게 살펴본 다음, 즉시 P사의 협상 팀장을 만났다.

"팀장님, A사의 사장을 그대로 유임하면 어떨까요?"

"그게 무슨 말이야? 이미 비디오 사업부문 책임자를 내정해둔 상태라는 것 알잖아."

그녀는 차분하게 자기 아버지의 이야기를 들려주었다. 1930년대 대공황 시절에 가업으로 물려받은 농장을 지키기 위한 각고의 노력, 목장을 팔고 떠나라는 거대 낙농업체들의 끊임없는 유혹, 늘어가는 부채와 선조들이 물려준 목장을 지켜야 한다는 의무감 사이의 갈등 등등. 비로소 팀장은 그녀의 의도를 파악했다.

"고맙습니다. 사실 내가 피땀 흘려 키운 회사를 포기하고 싶지 않았어요."

A사 사장은 P사 협상단과의 만남에서 겸연쩍은 듯 속내를 털어놓았다. P출판그룹은 투자은행 고문의 제언에 따라 다음과 같은 합의안을 제시했다. 100퍼센트의 매수가 아니라 30퍼센트의 주식을 A사 사장이 소유함과 동시에 사장에 유임하는 것. 그리고 사장이 가진 주식을 매각할 때는 출판사가 우선적으로 매입할 권리를 가지는 것이었다. 그 후 협상은 원만하게 진행되었다.

예리한 관찰력도 필요

상대의 숨은 욕구를 파악하는 것은 그리 쉽지 않다. '만약……라고 한다면'의 질문을 적극적으로 응용함으로써 배후에 존재하는 관심사가 떠오르도록 해야 한다. 이때 상대의 성격이나 조직의 특징을 잘 관찰하는 것도 중요하다. 훌륭한 협상가는 예리한 관찰자가 되어야 하는 것이다.

한 번 더 생각하라,
논리는 어설픈
육감보다 강하다

Negotiation Theory
Session 2

협상에는 논리적 사고가 필수

협상에는 이성에 기초한 논리적인 사고가 필수적이다. 어떤 주장을 할 때는 반드시 그 근거를 제시해야 한다. 그래야 상대도 납득할 수 있기 때문이다.

감정적인 주장이 서로 부딪히면, 상대의 사고과정을 이해할 수 없기 때문에 쌍방이 만족하는 해결책을 끌어내기가 어렵다. 상대가 일방적으로 요구하는 경우에도 우선 상대의 입장을 이해한 다음에 그 논거를 찾으려고 노력하자. 상대의 요구가 아무리 비합리적인 것처럼 보여도 상대는 나름대로 논리적 사고에서 그러한 결론을 제시했을 것이다. 어쨌든 적어도 자기 자신은 주장을 할 때 객관적인 논거를 제시하는 자세를 가져야 한다.

항상 냉정하고 강한 정신력이 필요

자신의 사고가 항상 논리적인 상태를 유지하려면 감정적인 반응을 억제할 줄 알아야 한다. 상대의 고압적이고 감정적인 발언이나 그와 반대로 시큰둥한 반응을 보이거나 하는 우보전술에 벌컥 성을 내는 등 본능적으로 반응하지 않도록 해야 한다. '눈에는 눈, 이에는 이'와 같은 반응이야말로 최악이다. 생산적 협상에는 맞지 않다. 협상은 평행선을 달리고, 최악의 경우 협상은 앞으로 나아가지 못하고 결렬될 수 있다.

객관적 기준을 토대로 합의안을 모색한다

논리적일 때 비로소 쌍방이 납득하는 객관적 기준을 설정할 수 있다. 그 결과 그 기준에 비춰 합의안을 모색할 수 있게 된다. 자의적이고 일방적인 기준에 따른 요구를 제시하면, 상대는 당연히 납득하지 못한다. 오히려 자기주장을 더욱 고집할 수도 있다. 생산적 협상에서는 일반적인 상거래 관행이나 선례, 유사 안건을 참고하여 논리적이고 객관적인 기준을 채택함으로써 쌍방 모두에게 공정한 합의에 도달하려는 노력이 필요하다.

한 번 더 생각하라 – 실패 사례

부장인 도미타 씨가 과장인 고이케 씨에게 매출 감소의 원인과 향후 계획을 제출하도록 요구했다. 어쩐 일인지 고이케 씨는 적절한 답을 제시하지 못했다.

과장 : 고이케	부장 : 도미다

부장 : 도미다
고이케 씨, 요즘 형편이 어때?

과장 : 고이케
바쁘긴 합니다만, 그럭저럭하고 있습니다.

부장 : 도미다
지난달 매출 보고서를 막 받았는데 조금 걱정이야. 10월부터 매출이 감소 추세인데, 자네 생각은 어떤가?

과장 : 고이케
그렇습니다. 매출이 감소하는 추세입니다 (침묵)…….

부장 : 도미다
그건 나도 알고 있네. 자네는 이 상황을 어떻게 보고 있는지 궁금하네.

과장 : 고이케
실은 저도 걱정인데……. 일시적인 현상이 아닐까 생각합니다. 한편으론 오래 지속될지도 모른다는 생각도 들고요.

도대체 무슨 말인지 알아들을 수 없군. 그럼 매출 감소의 원인은 뭐라고 생각하나?
에, 그게…… 경제는 아직 침체 상황이고, 도산 건수도 증가하고 있습니다. 게다가 실업률도 높아지고 있습니다.
거시경제 분석도 고맙긴 하지만, 왜 우리 회사의 매출은 감소하고 있지?
저, 그것은 그, 문제는 우리 회사의 가격일지도 모릅니다. 혹은 경쟁 신상품일지도 모르고요. 아니면 고객의 수요가 변화했다는 느낌도 없지 않습니다.
미적지근한 설명은 그만두게. 대체 자네에겐 어떤 제안이 있는 건가? 앞으로의 대책은 무엇인가?
판매 능력의 강화와 판매 기능의 재구축이 중요하다고 생각합니다.
판매 능력? 강화? 판매 기능? 재구축? 구체적으로 어떻게 하자는 거야! 구체적인 대책이 뭐야!
네……. 저도 분석 중입니다.
그래야겠지, 해고되지 않으려면.

어디가
잘못됐던 것일까?

도미다 씨, 짜증을 숨기지 않고 있다. 고이케 씨의 설명, 그리고 도미다 씨의 상사로서의 언행을 '논리와 이성'이라는 점에서 분석해 보자.

✖ 논리적인 설명이 부족한 것

이유야 어떻든 과장인 고이케 씨는 매출 감소의 원인이 무엇인지 설득력 있게 설명하지 못했다. 이는 발언의 도처에서 드러나고 있다. 구체적인 분석과 이유를 요구받았음에도 애매한 설명으로 시종일관하고 있다.

협상 테이블에서는 의도적으로 상황을 흐리거나 상대의 약을 올리기 위해 고이케 씨처럼 발언하는 경우도 있다. 하지만 실제로 상황 파악이 부족하거나 정리가 안 된 상태였다면 게임 끝이라고 봐야 할 것이다.

▶ 항상 준비해야 한다

논리적인 설명이 언제라도 가능하도록 준비해둔다. 이는 기본적으로 갖춰야 할 마음가짐이다. 아무리 뛰어난 협상가라 해도, 준비 없이는 본무대에서 제 실력을 발휘할 수 없다. 한편 자신의 설명 준비뿐만 아니라, 상대의 상황을 미리 분석한 다음에 상대가 요구하는 것(관심사)을 사전에 생각해두는 것도 매우 중요하다. 자기 자신 그리고 상대에 관해서도 충분히 준비해두었다는 느낌이 들면 자신감과 힘이 생긴다. 그 결과 우위에 서서 협상을 진행할 수 있게 된다.

▶ 주장을 할 때는 논거를 제시한다

주장을 하면 논거를 제시하는 것이 기본이다. 양쪽의 주장이 서로 엇갈릴 경우 상대는 쉽게 내 주장을 받아들이지 않을 것이다. 이때 논거를 제시해야 상대를 납득시킬 수 있다. 논거에는 원인도 있지만, 사례도 있을 것이다. 숫자나 데이터도 논거를 뒷받침해준다.

아무리 옳다고 생각하며 논리 전개를 해도, 상대가 수긍하지 못하면 아무 소용이 없다. 뛰어난 협상가가 되기 위해선 상대의 입장에서 자기의 논리성을 파악해보는 자세와 감수성이 필요하다.

✖ 감정을 조절하지 못했던 것

한편 부장인 도미다 씨에게도 잘못이 있다. 도미다 씨는 고이케 씨로부터 납득하기 어려운 답을 들었기 때문에, 점차 짜증이 올라오더니 끝내 화를 내고 말았다. 만약 도미다 씨가 협상장에 나갔다면, 상대방의 지연 전술에 여지없이 휘말렸을 것이다. 상대는 슬슬 약을 올리다가 도미다 씨로부터 유리한 제안 또는 중요한 정보를 먼저 빼낸 다음 협상을 미뤄버리거나 전혀 다른 이슈를 제기할 것이다.

고이케 씨가 매출 감소 원인을 충분히 파악하지 못한 것은 명백한 사실이다. 그렇다면 도미다 씨는 고이케 씨가 매출 감소 원인을 파악하지 못하는 이유를 지적해야 할 것이다. 단순한 태만인지, 능력 부족인지, 일손 부족인지. 상사로서 문제 해명의 책임을 게을리한 것이라 할 수 있다.

▶ 답하기 전에 충분히 생각한다

즉각적인 반응은 협상에선 금물이다. 특히 상대의 감정적인 발언에 대해서 '눈에는 눈 이에는 이'와 같은 반응을 보이면, 감정적인 대화로 흐르기 쉽다. 우선 답변하기 전에 심호흡을 해서 평상심을 유지하자. 그리고 논리에 토대를 두고 어디까지나 협상의 큰 그림을 놓치지 말고 이성적으로 반응하자. 인간으로서 자연스러운 감정을 억누르는 것이므로 쉬운 일은 아니다. 하지만 유능한 협상가에게 필요한 정신적인 규율의 하나라는 것을 잊지 말자.

한 번 더 생각하라 – 성공 사례

| 과장 : 고이케 | 부장 : 도미다 |

부장 : 고이케 씨, 요즘 형편이 어때?

과장 : 그럭저럭하고 있습니다.
마침 저도 말씀드릴 참이었습니다.

부장 : 지금 막 지난달 매출 보고서를
받았는데, 조금 걱정이 되는군.
10월부터 매출이 감소 추세인데,
자네 생각은 어떤가?

과장 : 예. 그 건에 대해서
말씀드리려고 했습니다.
실은 저도 좀 전에 매출 보고서를
보았습니다.

→ 이미 상황을 파악한 상태에서 준비를 하
고 있다는 인상을 준다.

부장 : 그렇군. 그럼 자네
의견은 어떤가?

과장 : 아시다시피 우리 회사는
염가 제품에서 부가가치가 높은
프리미엄 제품으로 중심을
이동하고 있습니다.

아, 그건 알고 있네. 반년 전에
다름 아닌 우리가 승인한 것이니까.
우리 회사의 염가 제품은 저가의
수입품에 대해 가격 경쟁력이
떨어져 그 영역에선 철수하고
그 대신 고부가가치의
프리미엄 제품을 추진했지.

맞습니다. 매출 감소의 원인은
염가 제품에서 철수하기로
결정한 것에 있습니다.
프리미엄 제품이 인기를 얻는 데엔
다소 시간이 걸리기 때문입니다.

→ 상대의 발언을 긍정하면서 구체적으로 매
출 감소의 원인을 설명하고 있다.

그래서 회사 전체의 매출이
감소한 것인가? 그러면 전체 매출은
언제부터 오름세를 탈 것으로
예측하나?

아마 한두 달 걸릴 겁니다.
매출 보고서를 잘 보면 아시겠지만
매출은 감소하고 있지만,
이익은 비슷한 수준을 유지하고
있습니다. 이는 프리미엄 제품의
높은 이익률 덕분입니다.

→ 전향적인 추가 정보를 제공하여 설득력과
신뢰감을 준다.

알겠네. 계속해서 수고해주게.
정보를 회람시키는 것도 잊지 말고.

물론입니다. 맡겨주십시오.

그런데 자네……
작년에 연봉이 얼마나 올랐었지?

흥분하지 않고
생각을 정리하는
논리 피라미드 사고법

논리적인 협상의 기본은 주장의 논거를 제시하는 것이다. 이러한 기본적인 사고방식을 도식화한 것이 '논리 피라미드 사고법'이다. 이 사고법은 모든 일을 계층별 메시지 그룹으로 정리한 것으로, 경영 컨설팅 회사 등에서도 폭넓게 채택하고 있다.

그 내용은 간단하다. 우선 가장 말하고 싶은 것을 피라미드(삼각형)의 정점에 놓는다. 이것을 '메인 메시지'라고 부른다. 그 밑에 메인 메시지를 설명하는 논거를 놓는다. 이것을 '키 메시지'라고 부른다. 그리고 그 밑에 키 메시지를 설명하는 메시지를 놓는다. 이것을 '서브 메시지'라고 부른다. 구체적인 논리 사고란 이러한 논리 피라미드를 쌓는 지적 작업을 가리킨다.

보텀업(bottom up) 사고법

최종적인 논리 피라미드를 만드는 방법, 즉 사고의 방법에는 '보텀업(상향식)'과 '톱다운(하향식)'의 두 가지가 있다.

보텀업은 서브 메시지에서 시작하여 키 메시지, 메인 메시지의 순서로 결론을 정리해가는 상향식 방법이다. 먼저 주제에 관해 자신의 개별적인 생각, 현상들의 목록을 정리한다. 이것이 서브 메시지다. 서브 메시지가 모이면 주제별로 구분한다. 이것을 '서브 메시지의 그룹화'라 부른다. 다음으로 그룹별 메시지(결론)를 생각한다. 이것을 '그룹화에 따른 메시지의 압축'이라고 부른다. 서브 메시지 그룹의 결론이 키 메시지가 되는 것이다. 그리고 메시지를 더 압축해 들어감으로써 메인 메시지를 만든다. 서브 메시지를 그룹화할 때는 그 수를 5개 정도로 한정하자. 그 이상이 되면 정리하기가 어려워진다.

톱다운(top down) 사고법

보텀업 방식에 따른 논리 피라미드 구축은 주제에 관해 잘 아는 게 없는 경우에 특히 효과적이다. 그러나 서브 메시지에 적절한 메시지를 도출하기 위한 재료가 충분히 들어 있지 않은 경우도 있다. 불완전한 서브 메시지를 아무리 분석적, 이성적으로 쌓아올려도 좋은 메인 메시지는 도출되지 않는다. 이것이 바로 보텀업 사고법의 단점이다.

그렇다면 어떻게 하는 것이 좋을까? 답은 톱다운 사고법을 활용하는 것이다. 보텀업 사고법에 따라 메인 메시지를 결정했다면, 이 번에는 메인 메시지를 설득력 있게 주장하기 위해선 어떤 키 메시지가 필요할까를 생각한다. 즉 톱다운으로 생각하는 것이다. 그리고 필요한 키 메시지가 서브 메시지에 의해 지지될 수 있는가를 검토한다. 메인 메시지를 뒷받침해주는 데 필요한 키 메시지를 도출하는 서브 메시지를 잘 찾지 못하는 경우도 있다. 이런 경우에는 메인 메시지 자체를 바꿀 필요가 있을지도 모른다. 톱다운 사고법은 가설 사고이기도 하다.

중복과 누락 없이 생각한다

논리 피라미드를 쌓아 올릴 때 빠져선 안 될 것이 있는데, 중복과 누락 없이 생각하는 자세다. 논리 피라미드에서 각각의 그룹 사이에는 중복이 없어야 한다. 그리고 그룹 전체에서 중요한 요소가 빠지지 말아야 한다. 즉 누락이 없는 것이다. 중복이나 누락 없이 사고하는 것을 경영 용어로는 MECE 사고(MECE: Mutually Exclusive, Collectively Exhaustive)라고 한다. 즉 보텀업 사고법과 톱다운 사고법을 이용하면서 중복과 누락이 없는 논리 피라미드를 쌓아나가는 것이다. 평소 이 피라미드 구조에 뿌리를 둔 논리 사고를 갖추면 좋을 것이다.

차선책을 내라, 플랜B가 있어야 나를 지킨다

Negotiation Theory

Session 3

협상력이란?

협상력이라고 하면 어떤 이미지가 떠오르는가? 대기업이 돈과 권력을 이용하여 지역 주민들에게 공장 건설 예정지로부터 철거할 것을 압박하고 있다. 강대국이 경제력과 군사력을 배경으로 불평등한 무역 협정을 약소국에게 강요하고 있다. 악덕 집주인이 변호사를 통해 임대료를 떼어먹으려는 내용증명 우편을 세입자에게 발송한다. 아마도 이런 이미지를 떠올리는 사람이 많을 것이다.

협상력이라고 하면 경제적, 군사적, 심리적인 압력으로 생각하기 쉽지만, 이렇게 협상력을 한정적으로 이해해버리면 상대를 터무니없이 강하게 보게 된다. 그 결과 압력을 견디지 못하고, 불리한 합의안을 받아들이고 만다. 그러나 진짜 협상력이란 위에서 든 막연한 압력이 아니라 다른 곳에 있다.

진정한 협상력은 협상 결렬 시에 어떤 차선책이 있는가로 결정된다

현재 진행 중인 협상이 결렬되는 경우에 대비하여 차선책을 확보해 두면, 실제로 결렬되더라도 손실을 최소화할 수 있고, 무엇보다 자신감을 가지고 협상에 임할 수 있다. 이렇게 '차선책'을 확보하고 있을 때 '강한 협상력'을 발휘하게 된다.

이 차선책을 협상술의 전문용어로는 '배트나(BATNA: Best Alternative to Negotiate Agreement)라고 부른다. 즉 '협상이 결렬되었을 때의 차선책'이다. 협상이 결렬된 경우의 차선책이 그 시점에서의 합의안보다 더 낫다면, 결렬시키는 편이 좋을 것이다. 예를 들면 복수의 공급자로부터 구입 가능한 구매자는 어떤 공급자와의 협상이 결렬되어도, 다른 공급자에게 구입하면 될 것이다. 반대로 협상이 결렬되었을 때의 차선책이 아무래도 불리하다면 어떻게 해서든 합의에 도달해야만 한다.

자신의 협상력을 검토해둔다

협상력을 다른 면에서 보자. 협상력을 '상대의 행동에 영향을 미치는 능력'이라고 생각하면, '협상이 결렬되었을 때의 차선책' 이외에도 협상력의 원천이 있다. 예를 들면, '더 많은 지식을 가지고 있다', '시간이 있다 또는 시간 제약이 있다', '리스크를 안을 각오가 되어 있다', '협상 기술이 뛰어나다', '정당한 논거가 있다' 등이 그렇다.

포인트는 자신이 현재 어떤 협상력을 가지고 있는가 하는 목록을

충분히 인식하고 있고 상대의 협상력에 대해서도 분석해두는 것이
다. 자신의 협상력으로 자신을 지키면서 더 나은 합의안에 도달하
는 것이 협상의 기본이다.

차선책을 내라 – 실패 사례

구조조정에 희생된 전 중간관리직인 우스이 씨가 취업 면접을 보고 있다.
불황 시의 면접이라 아무래도 의기소침해지기 쉽다.
우스이 씨, 자신의 협상력을 충분히 인식하고 그것을 활용하고 있을까?

우스이	면접관

실은 몇몇 회사에서 면접을 봤는데요, 결정된 곳은 아직…….

그렇습니까. 왜 우리 회사에 흥미를 가지게 되었는지를 말씀해주시겠습니까?

에, 귀사는 대기업이고, 업계에서의 지위도 확실합니다. 지금은 불경기니까요.

그건 그렇습니다. 현재 나이가 35세이군요. 예를 들면 5년 후, 자신은 어떤 모습이 되어 있을 거라고 생각합니까?

5년 후 말입니까? 별로 생각해보지 않았습니다. 대기업에서 일하고 있지 않을까요? 아니면 제 회사를 설립했을지도 모릅니다. 5년이나 먼 일은 조금…….

그렇군요. 오늘 시간을 내주셔서 감사합니다. 나중에 연락을 드리겠습니다.

저야말로 감사드립니다. 잘 부탁드립니다.

어디가
잘못됐던 것일까?

우스이 씨는 유감스럽게도 적극성이 결여되어 있다. 이 면접, 어디가 잘못됐던 것일까? 협상력이라는 관점에서 구체적으로 살펴보자.

✖ 자신이 지닌 강점을 분석하지 않았던 것

우스이 씨는 직장을 여러 차례 옮긴 전력이 있다. 이것은 약점이 될 수도 있지만 전향적으로 생각하면 다양한 비즈니스 경험을 가지고 있다고 볼 수도 있다. 따라서 그 경험의 장점을 명쾌하게 설명할 수 있도록 준비해두었어야 했다. 자신의 '강점'이나 '약점'을 인식하지 않으면 절대 협상에 적극적으로 임할 수 없다. 다른 환경에서도 응용할 수 있는 지혜가 될 수 없다.

▶ 자기의 강점을 파악해둔다

자신은 어떠한 협상력을 지니고 있는지를 미리 정리해두자. 'SWOT 분석'을 이용하면 효과적이다. SWOT란 'strengths, weaknesses, opportunities, threats'의 머리글자로, '강점, 약점, 기회, 위협'을 의미한다. 우선 협상에서 자신의 강점과 약점, 협상 환경의 기회(순풍)와 위협(역풍)을 구체적으로 가려내본다. 마찬가지로 이번에는 상대의 입장에서 SWOT 분석을 한다. 이렇게 시스템적인 사고를 하면 처음에 인식하지 못했던 협상력을 발견할 수 있다.

✖ 결렬 시의 차선책을 협상력으로 활용하지 않았다

우스이 씨는 "몇몇 회사에서 면접을 보았지만, 결정된 곳은 아직 없다"고 대답했다. 타사의 면접 결과는 아직 나오지 않았으므로 벌써 비관할 필요는 없을 것이다. 면접이 이뤄졌다는 것은 기업 측이 면접자에게 흥미를 가지고 있다는 얘기다. "지금까지 면접을 본 회사 중 몇 군데는 저의 다양한 비즈니스 경험에 강한 흥미를 보이는 것 같습니다"라는 전향적인 표현으로 대답함으로써 "다른 회사에 취직할 수도 있다"는 결렬 시의 차선책을 협상력으로 활용할 수 있지 않았을까. 물론 '허세'를 권하는 것은 아니다.

▶ '협상이 결렬되었을 때의 차선책'을 생각한다

'협상이 결렬되었을 때의 차선책(BATNA)'은 협상력의 중요한 원천이 될 수 있다. 따라서 우선 그것이 무엇인지를 생각해둘 필요가 있다. 그 결과 협상 결렬의 리스크를 어느 정도까지 감수할 것인지 혹은 어떻게 해서든 합의에 도달해야만 하는 것인지를 알 수 있다. 또한 '협상이 결렬되었을 때의 차선책'을 생각할 때는 구체적이어야 한다.

▶ 협상력의 원천은 대부분 심리적

'협상력이 있다'고 생각하면, 적극적으로 협상에 임할 수 있기 때문에 다소 곤란함에도 굴하지 않고 좋은 결과를 낼 수 있다. 반대로 협상력이 없다는 생각이 들면 아무래도 소극적이 된다. 하지 않아도 좋을 양보를 해버리기 쉽고, 불리한 합의를 해버릴 수도 있다. 그럼에도 불구하고 '나에겐 협상력이 있다'고 말하는 것만으로 상대를 이길 수는 없다. 철저한 준비가 필요하다. '협상이 결렬되었을 때의 차선책'을 명확하게 인식하고, 'SWOT 분석'을 함으로써 자연스럽게 자신감이 생기게 된다. 그리고 그 자신감이 협상력으로 이어진다.

✖ 면접을 일방적인 심문이라고 생각했던 것

"잘 부탁드립니다. 하지만 모든 질문에 잘 대답할 수 있을지 모르겠네요. 하여튼 열심히 하겠습니다"라고 말한 우스이 씨는 완전히 수동적인 자세다. 겸양의 미덕이 아니라 믿음직스럽지 못한 모습을 보여주고 있다. 취직 면접은 일방적인 '심문'이 아니라, 서로가 정보를 교환하는 '쌍방향 커뮤니케이션'이라는 점을 인식해야 한다.

▶ 면접은 쌍방이 정보를 교환하는 협상의 장

기업은 좋은 인재를 확보하고, 취직 희망자는 매력적인 직장에서 일하겠다는 목적을 가지고 있다. 그러므로 면접을 '쌍방이 적극적으로 정보를 교환하는 협상의 장'으로 이해해야 한다. 실례가 되지 않는 범위에서 적극적으로 회사의 정보를 끌어내는 노력을 해야만 한다. 그러한 적극성은 기업에 대한 관심도가 높다는 점을 어필하므로 오히려 높은 평가를 받을 수 있다.

차선책을 내라 — 성공 사례

| 우스이 | 면접관 |

면접관: 안녕하세요. 이력서를 잘 보았습니다. 몇 가지 질문을 드리겠습니다.

우스이: 물론입니다. 저도 귀사에 대해서 배우고자 생각하고 있습니다.

→ 자신감을 드러냄과 동시에 정보수집 자리로서 면접을 적극적으로 위치 짓고 있다.

면접관: 자, 대학을 졸업한 후에 네 번 직장을 바꾸셨네요. 모두 다른 업계인 데다 역할도 다르네요. 무슨 특별한 이유가 있습니까? 그리고 당신의 전문 분야는 무엇인가요?

우스이: 그 점을 알아주셔서 감사합니다. 실은 자신의 경력은 스스로 쌓아야 한다는 것이 저의 신념입니다. 그래서 서둘러 많은 경험을 쌓아두기로 결심했습니다. 이력서에 소개한 대로 저는 마케팅, 기획, 경리, 재무 분야에서 꽤 많은 경험을 쌓아왔습니다. 저의 전문은 전문화하지 않은 것이라고 할 수 있지 않을까요.

→ 자신의 전직을 부정적으로 생각하는 것이 아니라, 다양한 경험을 할 수 있는 귀중한 자산으로 인식하고 있다. 자신의 협상력이란 무엇인가를 사전에 생각한 결과다.

면접관: (웃음) 재미있군요. 그런데 다른 회사에서도 면접을 보았습니까? 만약 그렇다면 채용이 확정된 곳도 있습니까?

예, 몇 군데에서 면접을
보았습니다. 몇 회사는 저의
다양한 경험에 대단히 흥미를
보여주었습니다. 아시다시피
관리직은 넓은 시야를 가지지 않으면
안 된다고 생각합니다. 현재 채용
확정을 기다리고 있습니다. 다만
저로선 업계의 리더인 귀사에
가장 흥미가 있습니다.
귀사가 제 리스트의 톱입니다.

→ 타사와의 면접 상황을 '협상이 결렬되었
을 때의 차선책(BATNA)'으로 인식하고 있으
며 더욱이 협상력으로서 응용하고 있다.

그렇게 말해주시니 고맙습니다.
현재 나이가 35세군요.
5년 후 자신의 모습은 어떻게 되어
있을 거라고 생각합니까?

5년 후에는 마케팅 관리직이
되고자 합니다. 가능하다면
귀사에서요. 지금은 특정 분야에서
각자의 전문 분야를 좁힐 시기라고
생각하고 있습니다. 저의 경우엔
이 분야입니다. 귀사에서는
실현 가능하지 않을까요?

→ 정보수집을 잘하고 있다. 또한 경력을 구
체적으로 진지하게 생각하는 모습을 상대에
게 보여주고 있다.

가능하다고 생각합니다.
우리 회사에서는 40대 전반의
관리직은 많습니다. 그럼 시간
내주셔서 고맙습니다.
빠른 시일 내에 연락드리겠습니다.

고맙습니다.
연락 기다리겠습니다.

참아라, 인내가
최고의 협상을 만든다

협상은 핑퐁게임이 아니다. "상대가 이렇게 말하면 나는 이렇게 한다. 그리고 상대는 이렇게 하고, 나는 이렇게 한다. 그리고 결정, 그러면 끝." 이런 식으로 협상을 즉시 결정을 내려야만 하는 핑퐁게임처럼 생각하고 있지 않은가? "서두르면 일을 그르친다"는 격언은 협상에도 잘 들어맞는다. 협상에서 즉석 결정의 위험성과 인내력의 미덕을 이해하는 것은 매우 중요하다.

'즉석 결정'의 함정

중요한 협상에서 즉석 결정은 금물이다. 충분한 시간을 들이지 않고 결정할 때 그 뒷감당이 얼마나 클지는 예측하기 어렵다.

우선 정보에 대해 충분한 평가를 할 수 없다. 사내에서의 사전 작업도 하기 어렵다. 쌍방의 만족도를 높이는 대안도 충분히 검토할 수 없다. 협상의 전체상도 파악할 수 없다. 단순한 계산도 틀리기 쉽다. 중요한 항목도 빠뜨리게 된다. 어느 정도 시간을 가지고 충분히 생각해야만 좋은 결과를 기대할 수 있다.

협상 전술로서의 '인내력'

'인내력'은 최대의 협상 전술이라고 할 수 있다. 왜냐하면 인내력이 있어야 비로소 양쪽의 주의, 주장, 관심, 목적을 이해하고, 쌍방의 만족도를 높이는 합의안을 생각할 수 있으며, 그 결과 상호 납득할 만한 합의에 도달할 수 있기 때문이다. 인간관계, 국제관계에서도 인내력은 협상에서 빼놓을 수 없는 요소다. 그리고 인내력은 최종적으로는 협상가 자신에게 요구되는 소양이다.

조직적인 지원도 중요

그렇다면 인내력을 기르기 위해서 어떻게 해야 할까?

인내력은 개인의 소양이기도 하지만 상사와 조직의 성향에 따라 규정되기도 한다. 협상가가 아무리 인내력을 가지고 협상에 임했다 해도, 상사가 즉석 결정을 하도록 압박하면 거기에 따르지 않을 수 없다. 그러므로 조직 차원에서 인내력을 장려하고 육성할 필요가 있다. 특히 협상 결과를 기다리는 사람들은 단기간에 결론이 나오리란 기대를 가지지 않도록 하는 것이 핵심이다.

복수 협상에서는 인내력이 성공의 열쇠

양자 간 협상도 그렇지만 복수의 당사자 간 협상에서도 인내력이 점점 중요해지고 있다.

투자은행 근무 시절, 협상팀의 한 사람으로서 어떤 대형 프로젝트 파이낸스 협상에 참여한 적이 있다. 우리 팀의 역할은 중동 어느 산유국의 금융 자문이었다. 일본의 복수 종합상사와 도시은행 등이 구성한 융자단과의 LNG 프로젝트 파이낸스의 계획을 협상하여 정리하는 것이었다. 도시은행 측은 프로젝트 파이낸스의 경험이 적었고 의사 결정도 신속하게 이루어지지 않았다. 더욱이 통산성과도 협상을 해야 했기 때문에 예정보다 협상이 더디게 진행되었다. 그러자 산유국은 짜증을 내기 시작했고, 우리는 그들을 달래면서 융자단과의 협상에 참여했다. 예정보다 늦어졌음에도 최종적으로 합의에 도달하여, 프로젝트는 성공을 거두었다.

이 협상에서 성공의 열쇠가 무엇이냐고 묻는다면, 주저 없이 '인내력'이라고 답하겠다. 이때만큼 협상 과정에서 자신감과 인내력의 중요성을 실감한 적이 없다.

현실을 직시하라, 기대를 낮추면 반드시 얻는다

▶ 목표 설정과 양보의 테크닉

Negotiation Theory

Session 4

협상을 개시할 때는 반드시 목표치가 있다

집을 팔기 위해 부동산에 내놓는다. 아키하바라에서 PC 가격 인하 협상을 한다. 프로 야구 선수가 구단과 연봉 협상을 한다. 어떤 협상이건 개시할 때는 '기대하는 결과', 즉 목표치가 있게 마련이다. 그것은 명확한 수치일지도 모르고, 어림짐작의 감일지도 모른다. 어쨌든 협상을 개시할 때엔 어떤 목표치가 있을 것이다.

협상에 임할 때는 우선 자신의 목표치가 어느 정도인지를 명확히 해둘 필요가 있다. 판매자라면 가능한 한 높게, 구매자라면 가능한 한 낮춰 잡는 것이 자연스럽다. 만약 현실성이 없는 과도한 목표치를 설정해버리면, 상대로부터 일언지하에 거절당할 수 있다. 따라서 현실적인 감각(시세 인식)을 가지는 것이 중요하다.

목표치를 어떻게 잡느냐가 협상 평가를 좌우한다

목표치(기대치)를 어떻게 잡느냐에 따라 협상의 평가가 달라진다. 협상의 성패는 결과와 목표치를 비교하여 결정되기 때문이다. 목표치보다도 결과가 좋다면 협상은 높은 평가를 받을 것이다. 반대로 결과가 목표치에 이르지 못했다면 협상은 낮은 평가를 받을 것이다.

그러나 고민이 있다. 정확한 목표치란 무엇인지를 협상이 끝난 후에도 확실히 가늠하기 어렵다는 것이다. 처음에는 성공적이었다고 평가한 협상인데도 '목표치를 너무 낮추었던 게 아닐까?'라는 생각을 떨쳐내기가 어렵다. 반대로 실패했다고 생각한 협상이지만 알고 보면 목표가 너무 높았을 뿐이고 실제로는 유리한 결과였을지도 모른다.

양보를 잘함으로써 목표치와 협상 결과의 간극을 줄인다

결국 '정확한 목표치와 협상 결과가 딱 들어맞는 협상'이 좋은 협상이라고 할 수 있다. 좋은 협상으로 평가를 받기 위해선 적절한 목표치를 설정한 다음에 양보를 적절히 함으로써 목표치와 협상 결과를 가능한 한 가깝게 맞추려는 노력을 해야만 한다. 그러려면 목표치를 다소 높게 설정하고, 상대의 반응을 보면서 조금씩 양보하면 좋을 것이다.

현실을 직시하라 — 실패 사례

광고회사 영업사원인 기무라 씨가 광고주인 소프트드링크 기업의
마케팅 부장인 가노우 씨에게 차기 제품 광고 기획을 제안하고 있다.

드링크 기업 : 가노우	광고회사 : 기무라

같은 수준이요?
그건 좀 무리인 것 같습니다.
이번 기획은 2배의
예산이 필요합니다.
그렇지만 귀사는 저희 회사의
고정 고객이니 50퍼센트
인상하는 게 어떨까 생각하고
있습니다. 어떻습니까,
어려울까요?

하지만 이사회에서 50퍼센트
인상은 절대 승인하지 않을 겁니다.
다만 말씀드린 대로 기획의
내용은 아주 마음에 듭니다.
다른 광고회사의 제안보다
훨씬 좋습니다.

다른 회사요……. 그렇다면
30퍼센트 인상은 어떨까요?

15퍼센트가 저희로서는
최선입니다.

그렇습니까……. 그게 최선이라면
어쩔 수 없군요.

아무튼 최고입니다.
내년은 좋은 해가 되겠습니다.

(침묵)…….

어디가
잘못됐던 것일까?

광고회사의 기무라 씨, 고객인 가노우 씨의 요구에 서서히 굴복하고 말았다. 목표 설정과 양보의 방식이라는 관점에서 협상을 분석해보자.

✖ 비현실적인 목표를 설정한 것

너무 높은 목표치를 설정하면, 상대가 정면으로 상대하지 않을 가능성도 있기 때문에 현실적인 시세 인식을 결여한 목표의 제시는 잘 생각해볼 일이다. 사례에서 기무라 씨는 "2배의 예산이 필요합니다. 그렇지만 귀사는 저희 회사의 고정 고객이니 50퍼센트 인상하는 게 어떨까 생각하고 있습니다"라고 했는데, 이는 상대로선 현실적으로 받아들이기 어려운 요구였다.

▶ 목표치가 어느 정도 높은 편이 결과도 낫다

일반적으로 목표치가 어느 정도 높은 편이 협상 결과도 낫다. 대부분의 경우 목표치가 적정하게 높으면 "여기까지는 할 수 있겠다"란 확신이 들어 더욱 분투, 노력하게 된다. 반대로 목표치가 낮은 경우, 목표치에 대한 확신도 강하지 않기 때문에 거듭 양보하기 십상이다. 목표치는 조금 높게 설정하는 것이 요령이다.

▶ 그러나 목표치는 너무 높거나 낮아도 좋지 않다

협상이 의외로 쉽게 끝나버리면 목표치가 너무 낮았던 게 아닐까 하는 생각이 들어 성취감이 떨어진다. 반면 목표치를 너무 높게 설정하면, 실패해도 손해 본 것 같지 않고 오히려 당당한 감정이 생겨날 것이다. 앞에서 설명한 대로 일반적으로 목표치는 다소 높게 잡을 때 협상 결과도 낮게 나오지만, 목표치는 지나치게 높거나 낮으면 좋지 않다. '이 정도면 노력 범위 안에 있다' 처럼 발돋움하면 달성할 수 있는 목표치가 최적이다.

▶ 적정 목표치일수록 협상가는 적극적으로 협상에 참여한다

목표치를 설정할 때는 협상가도 참여하는 것이 좋다. 다른 사람이 설정한 목표치가 무리라고 여겨질 경우 협상가는 끈질기게 협상을 할 마음이 들지 않는다. 당연히 결과도 좋지 않다.

✖ 대안을 준비하지 않았던 것

기무라 씨는 광고 기획안을 한 가지밖에 준비하지 않았다. 안이 하나밖에 없는 경우, 그것만을 가지고 좋은지 나쁜지를 결정해야 한다. 다행히 그 안이 수용되었다고 해도, 가격에 대한 논의에 집중되기 쉬워 다른 항목으로 협상 범위를 넓히기가 어렵다.

▶ 대안을 반드시 준비한다

협상 과정은 문제 해결의 과정이기도 하다. 그래서 양보를 하건 안 하건 반드시 복수의 대안을 준비해두어야 한다. 상호 만족도를 높일 수 있는 길이 하나밖에 없다는 것은 비현실적이다. 상대에게 준비 부족이라는 인상을 줄 수도 있다. 또한 분석력이 떨어진다는 평가를 받을 수도 있다.

✖ 너무 쉽게 양보해버린 것

판매자가 "원래는 2배이지만, 50퍼센트만 인상하겠습니다"라고 한 경우, 구매자는 "정말 2배나 될까", "처음부터 50퍼센트를 인상해준다는 것을 보면 좀 더 깎아줄지도 몰라" 하고 의심하거나 더 큰 양보를 기대할 것이다. 자기의 신념을 전달하기 위해서도 가볍게 양보해서는 안 된다. 다소 끈기를 가져야 한다.

▶ 양보할 때는 천천히 그리고 소극적으로

앞에서 설명한 것처럼, 목표치와 협상 결과를 맞추려면 목표치를

다소 높게 설정하고 상대의 반응을 보면서 적절하게 양보를 해야
한다. 즉 필요에 따라 조금씩 그리고 천천히 양보하는 것이다. 이때
는 상대의 압력에 굴하지 않고, 객관적인 기준이나 원칙을 토대로
양보해야 한다. 만약 양보한 경우에는 반드시 상대로부터 동등한
양보를 얻어내고자 노력한다. 처음부터 큰 양보를 해서는 안 된다.
상대에게 불필요한 기대감을 줄 우려가 있기 때문이다. 당연한 일
이지만, 양보했다고 해도 '결렬 시의 차선책' 이하의 합의안을 수용
한다면 협상의 의미가 없다. 그럴 때는 결렬시키는 편이 최선이다.

현실을 직시하라 – 성공 사례

드링크 기업 : 가노우	광고회사 : 기무라

광고회사 : 기무라
지금까지의 말씀을 토대로
내년 커뮤니케이션 플랜을 3가지로
정리했습니다. 타깃에 제품을 더욱
효과적으로 전달하기 위해서
인쇄매체를 몇 가지 늘렸습니다.
이것은 지금까지의 TV 광고에
추가하는 형태입니다.
이쪽이 첫 번째 플랜입니다.
오늘 가지고 온 플랜 중에는
가장 분량이 많습니다.

→ 3가지 대안을 준비했다는 뜻을 전함으
로써 용의주도하게 준비했다는 인상을 준다.

드링크 기업 : 가노우
(기획안을 보면서) 새로운 잡지를
3개 늘렸군요. 타이업 기획도
보통의 광고에 추가했고요.
마음에 듭니다.

광고회사 : 기무라
마음에 드신다니 기쁩니다.
이 기획안을 만드느라
아주 고생했습니다. 잡지 등의
인쇄매체 쪽이 TV보다 타깃을
좁힐 수 있습니다.
그래서 다른 구매층에게까지
구체적인 메시지를 보낼 수 있게
된 것입니다.

드링크 기업 : 가노우
그렇군요. 잘된 것 같습니다.
그런데 이 광고 기획안은
지금과 같은 수준의 예산으로
집행할 수 있을까요?

같은 수준이요? 그건 좀 무리인
것 같습니다. 이 새로운 기획은
40퍼센트 인상이 필요합니다.

→ 높기는 하지만 비현실적이지 않은 가격
인상을 저자세로, 그러나 단호하게 제시하고
있다.

역시 그렇군요.
하지만 이사회에서 40퍼센트 인상을
승인하지 않을 것입니다.
물론 매출이나 이익이 오른다면
다르지만요. 다만 말씀드린 대로
기획의 내용은 아주 마음에 듭니다.
다른 광고회사의 제안보다
훨씬 좋습니다.

같은 콘셉트로 작성한 대안이
있습니다. 이쪽은 지금까지의
TV CM을 약간 줄임으로써
비용 인상을 30퍼센트로
억제했습니다. 귀사에게 매우
이득일 듯한데, 어떻습니까?

알겠습니다. 이사회에 올려보지요.
이 계획이라면 이사회를
설득할 수 있을 것 같습니다.

그렇습니까? 잘 부탁드립니다.
이사회를 설득할 때, 추가 정보가
필요하다면 연락 주십시오.

'만약 –라고 하면?'으로 정보를 이끌어낸다

이 책에선 생산적 협상을 '상호 만족도를 높이기 위한 프로세스'로 파악하고 있다. 구체적인 요구나 입장을 고집하지 않고, 상호 이익을 만족시키는 창조적인 합의안을 도출해내는 프로세스다. 그것을 위해선 '이럴 수밖에 없다'는 생각을 버리고 가능한 한 많은 대안을 만들어볼 필요가 있다.

'만약 –라고 하면?' 형 질문을 활용하여 파이를 키운다

'만약 –라고 하면?'형의 질문 활용법을 생각해보자. 이 질문은 상대의 이익을 강조하거나 창조적 사고를 촉진하는 데도 유익하다. 질문이 추상적이지 않고 매우 구체적이기 때문에 상대가 대답하기 쉽다. 그 결과 많은 정보를 입수할 수 있으며 이는 파이의 다툼이 아니라 파이를 키우는 발상으로 이어진다.

구매자를 상정한 경우 구체적인 '만약 –라고 하면?' 형의 질문 사례를 들어보자.

- 만약 제품의 사양을 A에서 B로 변경한다면 어떻겠습니까?
- 만약 주문을 2배로 늘린다면 어떻겠습니까?
- 만약 보증서를 첨부하지 않아도 된다면 어떻겠습니까?
- 만약 X제품만이 아니라 X와 Y를 동시에 구입한다면 어떻겠습니까?
- 만약 60일 후 지불이 아니라 납입 시 현금 지불이라면 어떻겠습니까?

구체적으로 이해하기 쉬운 질문들이다. 이러한 질문에 대한 상대방의 답변을 분석하면 상대의 리스크 선호도, 협상 항목의 우선순위나 어디에 양보의 가능성이 있는지가 드러날 것이다. 상대의 정보를 얻음과 동시에 실제로 제안을 약속하지 않고 합의안을 모색할 수 있는 것이다.

상대로부터의 '만약 –라고 한다면?' 형 질문에는 요주의

앞에서 본 것처럼 '만약 – 라고 한다면?' 형의 질문은 생산적 협상을 추진하기 위해서 필수적인 수단이다.

그러나 주의할 점이 있다. 모든 수단이 그런 것처럼 '만약 – 라고 한다면?' 형의 질문도 때로는 전혀 다르게 사용될 수 있기 때문이다.

상대를 동요시킬 목적으로 사용되는 경우다. 계속해서 '만약 -라고 한다면?' 형의 질문을 던짐으로써 상대에게 생각할 시간을 주지 않고 즉석에서 결정을 내리도록 압박하는 전술이다. 이러한 경우엔 즉석 결정을 절대 피하고, 충분한 시간을 갖고 생각하는 것이 중요하다.

'만약 -라고 한다면?' 형의 질문에 대해선 '-라면 어떻겠습니까?' 형의 역제안으로 맞서는 것이 효과적이다. 예를 들면 "만약 최소 거래량을 늘린다면?"이라는 질문에 대해선 "1,200킬로그램이면 어떻겠습니까? 그러면 배송 비용을 50퍼센트 깎아줄 수 있을까요?"라고 되묻는 것이다.

확실히 말하라,
침묵하는 사람'은
얻지 못한다

Negotiation Theory

Session 5

Keypoint→
- 편리한 기술이나 전술을 익히면 협상 기술자는 될 수 있다.
- 하지만 협상 기술이 반드시 효과적인 생산적 협상을 보장하지는 않는다.
- 효과적으로 협상하려면 나의 뜻을 상대에게 전하겠다는 강한 의지가 필요하다.

수단이나 전술의 습득만으로는 충분하지 않다

협상 기술을 배우는 사람들이 상식처럼 생각하는 것이 있다. 즉 편리한 수단이나 전술 습득에만 주력하는 것이다. 이는 단순히 협상에만 국한되지 않는다. 예를 들면 영어 공부를 할 때도 단어나 숙어, 문법을 습득하는 데만 집중한다. 편리한 수단이나 전술의 습득이 무의미하다는 것은 결코 아니다. 오히려 당연히 마스터해야 하는 것들이다. 그러나 그것만으로는 성공적인 협상을 하는 데 충분하지 않다는 것을 잊지 말아야 한다.

수단이나 전술만으로는 생산적 협상이 보장되지 않는다

아무리 영어 단어를 많이 알고 있거나 색다른 표현을 외우고 있어도 영어로 효과적인 커뮤니케이션을 하는 것은 어렵다. 마찬가지로 수단이나 전술을 이해하는 것만으로 효과적인 협상이 보장되는 것은 아니다. 외국어와 마찬가지로 수단이나 전술은 어디까지나 수단일 뿐이다. 목적을 달성하려고 하는 '강한 의지'가 없는 한 수단은 충분한 효력을 발휘하지 않을 것이다.

효과적인 협상에는 메시지를 전달하겠다는 강한 의지가 필요

효과적인 협상에선 자신의 메시지를 상대에게 전달하려는 '강한 의지'가 필요하다. 이는 협상에만 국한되는 것이 아니라 모든 커뮤니케이션 활동에도 해당한다. "당신에게 전달할 중요한 메시지가 있다", "내 메시지는 귀를 기울일 만한 가치가 있다"는 강한 의지를 가지고 협상에 임하자.

확실히 말하라 – 실패 사례

뉴욕에서 일주일간의 휴가를 보낸 히사오 씨는 귀국하기 위해
존 F. 케네디 공항에 도착했다. 그런데 항공편이 취소된 것을 알게 되었다.

창구	히사오

히사오: 안녕하세요. 나리타행 609편을 예약하려고요. 티켓, 여기 있습니다.

창구: 나리타행 609편이군요. 죄송합니다만, 이 항공편은 기술적인 이유로 오늘 운항이 취소되었습니다. 저쪽 스크린에도 나와 있습니다, '609편은 취소' 라고.

히사오: 어, 그럴 리가…… 이틀 전에 예약을 확인했을 땐 스케줄에 아무런 변경도 없었는데요. 취소되었다는 게 대체 무슨 말인가요. 비행기가 어떻다는 겁니까.

창구: 죄송합니다만, 609편은 기술적인 문제가 있어서 운행이 취소되었습니다. 동체에 균열이 발견되었습니다. 또한 조종석 윈도 실드의 교체도 필요합니다. 고객님의 티켓은 모레 나리타행 103편으로 변경되었습니다.

히사오: 모레라고요? 말도 안 돼요! 오늘 출발하지 않으면 곤란한데요. 내일 회사에 출근해야 해요. 게다가 모레는 엄청나게 중요한 회의가 있단 말이에요.

고객님의 사정은 안타깝지만 어쩔 수 없습니다. 하지만 저희도 고객님의 안전을 최우선으로 생각하고 있습니다. 이 점을 이해해주시길 바랍니다. 결함이 있는 비행기를 운행할 수는 없기 때문입니다. 그렇지 않습니까?
물론 그렇지요. 하지만 잠은 어디에서 자고, 상사에게 어떻게 전화를 해야 하지…….
근처 호텔을 소개해드리겠습니다. 이틀간의 숙박비는 저희가 부담하겠습니다. 그렇게 하시겠습니까?
예. 어쨌든 기다릴 수밖에 없네요…….
여기 호텔 지도와 이틀분의 쿠폰입니다. 그럼 좋은 하루 보내십시오. 다음 분.

어디가
잘못됐던 것일까?

히사오 씨, 딱하게도 문제를 해결하지 못한 채 상황 종료다. 이제부터 어떻게 해야 할까. 이 협상의 개선 포인트는 무엇일까?

✖ 불가능한 사항을 확인하는 데 주력한 것

히사오 씨는 "사전에 예약을 확인했을 때는 변경이 없었다"라거나 "비행기는 어떤가" 등의 질문을 하고 있다. 질문을 한 것 자체는 나쁘지 않다. 하지만 비행기를 최대한 빠른 시간 안에 타야 한다는 목표에는 연결되지 않는 질문이다. 비행기의 운항이 취소된 상황만을 확인하고 있을 뿐이다. 결국 문제를 해결하지 못한 채 말이다.

▶ 문제 해결로 이어지는 주장을 한다

문제가 발생했을 때 무조건 강하게 주장을 하는 것이 능사는 아니다. 상호 만족도를 높이는, 즉 문제 해결로 이어지는 협상의 측면을 강조해야 한다. 앞의 사례에서는 상대가 철회 불가능한 사실을 확인할 것이 아니라, 다른 항공편을 찾는 방향으로 협상을 이끌었어야 했다. 이 방향은 히사오 씨에게는 회의에 맞춰서 귀국하는 중대한 목표에, 항공회사 측에는 신뢰성 있는 교통수단을 제공한다는 기업의 사명에 각각 합치한다.

✖ 데미지 컨트롤로 관심을 돌린 것

문제가 확인된 시점에서 "앞으로 이틀간 어디서 지내야 하는가?", "상사에게 뭐라고 말해야 하는가?" 등 히사오 씨의 관심은 완전히 데미지 컨트롤(피해 관리)로 옮겨가버렸다. 손실을 회피하는 노력을 하기 전에, 이미 손실로부터 어떻게 자신을 보호할 것인가에 관심을 집중시켜버린 것이다.

▶ 사고 정지에 빠지지 않는다

예기치 않은 상황이 벌어지고 그 영향이 크면 클수록 사태의 중대성에 제압된 나머지 사고 정지에 빠질 위험이 있다. 히사오 씨 역시 예기치 않은 사태에 당황하여 사고가 멈춘 상태에서 손실을 회피하려는 시도조차 하지 못했다. '사고 정지에 빠지지 않는다'는 위기관리의 원칙 중 하나다. 냉정하게 사고를 계속함으로써 데미지 회피의 가능성을 높여야 한다.

✖ 손실 회피 노력을 하지 않고 쉽사리 포기한 것

히사오 씨는 다른 항공편을 찾으려는 시도를 잊은 채, 안이하게 이틀을 기다리기로 해버렸다. 손실을 회피하는 노력을 잊었을 뿐만 아니라, 데미지 컨트롤에 대해서도 정당한 주장이나 요구를 하지 않은 채 쉽사리 포기해버린 것이다.

▶ 협상에서 침묵은 '금(禁)'

효과적인 협상은 저절로 이뤄지지 않는다. 협상에서 침묵은 '금(金)'이 아니라 '금(禁)'이다. 상대에게 자신이 바라는 것을 적극적으로 전달해야만 한다. 그러려면 자신이 말하고 싶은 것을 상대에게 이해시킨다는 '강한 의지'가 필요하다. 전달하려는 강한 의지는 쉽게 타협하거나 양보하지 않는 태도로 이어지기도 한다.

▶ 전달하려는 의지의 근원에는 자존심이 있다

전달하려는 의지의 근원에는 자존심이 있다. 자존심이란 자신의 능력에 대한 신뢰와 자신의 존재 가치를 긍정하는 신념이다. 자존심이 약하면 "내가 말할 수 있는 입장이 아니다"라거나 "나 같은 사람이 들을 수 있는 입장이 아니다"는 자기부정에 빠지게 된다.

▶ 정당한 주장에는 가치가 있다

전달하려는 강한 의지는 '정당한 주장'이라는 전제가 필요하다. 그 원천이 되는 사고방식이 "정당한 주장에는 의미가 있고, 가치가 있다"는 신념이다. "말해봐야 소용이 없을 것이다"라거나 "이렇게 말하면 싫어할지도 모른다"는 등 미리 속단하고 입을 꾹 다문 경험이 있을 것이다. 질문에서도 마찬가지다. "이런 질문을 하면 상대방이 나를 어떻게 볼까?" 하는 생각에 그냥 지나쳐버린 경우가 있을 것이다. '유일하게 나쁜 질문은 시도해보지도 않고 포기한 질문'이다. 정당하게 자기주장을 적극적으로 펴보자.

확실히 말하라 – 성공 사례

창구	히사오

히사오: 안녕하세요. 나리타행 609편을 예약했습니다. 티켓, 여기 있습니다.

창구: 나리타행 609편이군요. 죄송합니다만, 이 항공편은 기술적인 이유로 오늘 운항이 취소되었습니다. 저쪽 스크린에도 나와 있습니다, '609편은 취소'라고.

히사오: 앗, 그럼 출발 지연입니까, 아니면 결항입니까?
→ 상황을 제대로 확인하고 있다. 냉정하게 상황을 확인하는 것이 중요하다.

창구: 운행 자체가 취소되었습니다. 고객님의 티켓은 모레 나리타행 103편으로 변경되었습니다.

히사오: 모레라고요? 그건 절대 안 됩니다. 모레 도쿄에서 아주 중요한 회의가 있습니다. 모레 출발은 절대 불가능합니다.
→ '절대 불가능합니다'라고 단정 지음으로써 자신의 '강한 의지'를 전달하고 있다.

창구: 고객님의 사정은 안타깝지만 저희도 고객님의 안전을 최우선으로 생각하고 있습니다. 이 점, 이해해주시길 바랍니다.

걱정해주셔서 고맙습니다.
하지만 그쪽 분의 걱정만으로는
목적지에 도착할 수 없습니다.
제가 귀사에 기대하는 것은
오늘이나 늦어도 내일 출발하는
나리타행 항공편입니다.
다른 항공편의 예약 상황을
알아봐주세요.

→ 손실 회피에 대한 구체적인 대안을 제시
하며, 항공사가 행동을 취하게 하고 있다. 상
대는 거절하기 어려울 것이다.

조금 기다려주세요.
지금 무척 혼잡한 시간이라서요.
죄송합니다만 역시 직행편에는
빈자리가 없습니다.

직행편이 아니어도 좋습니다.
예를 들면 서울을 경유하는 것도
좋습니다만.

→ 포기하지 않고, '직행편이 아니라도 좋다'
고 대응했다. 유연하게 생각하여, 선택지를
넓히는 것이 유능한 협상가의 모습이다.

아, 있습니다. 내일 오전 10시발
서울행 808편에 빈자리가 있습니다.
서울에서 324편으로 갈아타시면
회의 시간에도 맞출 수 있겠습니다.

잘됐군요. 그렇게 변경할 경우
추가 요금이 발생하는지 알고
싶습니다. 그리고 오늘 밤
호텔 요금과 식사비의 쿠폰을
부탁드립니다. 스케줄의 변경을
도쿄에 설명하는 전화 요금의
쿠폰도. 아, 그리고 호텔까지의
택시 요금 쿠폰도 부탁드립니다.

예, 알겠습니다. 자, 여기 있습니다.

고맙습니다. 그럼 좋은 하루를.

가능한 한
상층부와 담판하라

협상 상대를 선택하는 것이 항상 가능한 일은 아니다. 그러나 만약 가능하다면 권한이 큰 위치에 있는 사람, 즉 상층부 사람과 직접 협상해야 한다. 일반적으로 더 큰 권한을 가진 사람과 협상하는 편이 유리한 합의를 이끌어낼 가능성이 높다. 왜일까?

구조적으로 유리한 조건

우선 조직 상층부일수록 세세한 사실관계에는 정통하지 못한 경우가 많다. 부하직원으로부터 보고를 받았다고는 해도, 업무에 바빠서 자세히 파악할 정도로 충분히 이해하고 있지 않다. 따라서 직접 협상하는 것이 한결 유리하다. 또한 지위가 높다는 것은 더 큰 권한을 가지고 있다는 것이므로 양보할 수 있는 폭도 그만큼 넓다. 이 점에서도 잘만 하면 더 유리한 합의안을 이끌어낼 가능성이 높아진다. 더욱이 상층부에 있을수록 잡다한 큰 문제를 안고 있을 가능성이 높다. 그러므로 그다지 의미 없는 작은 일에 시간을 빼앗길 수가 없다. 즉 가능한 한 빨리 일을 처리하려는 동기가 강하다. 이 점에서도 잘만 하면 이쪽에서 바라는 것을 즉석에서 들어주는 것으로 연결될지도 모른다.

자부심이나 정치적인 배려도 작용한다

높은 권한을 가진 사람과 협상하는 것의 장점은 또 있다. 협상의 바통이 상층부로 넘어갔다는 것은 부하직원의 협상이 막다른 상태에 빠졌다는 것을 의미한다. 그러므로 상층부의 심리는 "좋아, 내 차례다. 문제 해결의 모델을 보여주지"라는 자부심이 작용한다. 더욱이 윗사람 쪽이 일을 시끄럽게 하지 않고 정치적으로 원만하게 끝내려는 경향이 더 강하다.

이미 실증된 것이다

이 자리를 빌려 고백하자면, 나는 어떤 실험을 시도한 적이 있다. 커피 리필 서비스를 해주는 패스트푸드점에서였다. 나는 테이크아웃 주문을 했기 때문에 리필 서비스가 안 될 거라고 생각했다. 그래서 협상 실험을 해보았다. 종업원에게 "여기 커피에는 리필 서비스가 있으니까 한 잔 가격으로 두 잔 주세요"라고 부탁한 것이다. 매뉴얼의 어디에도 쓰여 있지 않은 상황이었기에 종업원은 난처한 기색이 역력했다.

그래서 점장을 불러달라고 했다. 상층부와의 직접 협상이 시작된 것이다. "테이크아웃 고객도 좋은 고객이다. 점포의 좌석을 사용하고 있지 않음에도 같은 가격을 지불하는 우량 고객이다. 당연히 점내에서 마시는 고객과 마찬가지로 리필 서비스를 받아야 마땅하다"는 엉뚱하지만 매우 타당한 주장을 했다. 그러자 과연 점장이었다. "한 잔은 점내에서 마시고, 또 한 잔은 테이크아웃하시면 어떻겠습니까?"라는 대안을 제시해왔다. 나는 점장의 재치 있는 제안이 아주 마음에 들었고 그렇게 하기로 했다. 그는 아마 나를 이상한 고객이라고 생각했을 것이다. 그에게는 미안할 따름이다.

그러나 남용은 금물

물론 상층부의 사람과 협상하는 전술을 너무 자주 써먹어서는 안 된다. 최초의 협상 창구를 존중해야 한다. 그에게도 조직 내의 위치나 입장이 있기 때문이다. 그러나 그 창구에 있는 인물이 생산적 협상이라는 관점에서 도무지 성의가 없거나 말이 통하지 않으면 적극적으로 상층부와 담판해야 한다.

여자들이 어수룩하게 당하기 쉬운 8가지 사악한 협상 테크닉

– 제2장에서는 실제 협상에서 종종 사용되는 사악한 테크닉을 소개함과 동시에 상대가 그 전술을 사용할 경우에 어떻게 생산적 협상으로 방향을 전환할 것인가에 대해 살펴볼 것이다.

– 실제 협상의 대부분은 여기에 소개되는 테크닉이나 그 조합으로 구성된다.

– 이들 테크닉을 잘 이해해두면, 상대의 전술을 쉽게 간파할 수 있다. 그 결과 '상호 만족도를 최대화하는' 생산적 협상으로 흐름을 바꿀 수 있게 된다.

정 싫으면 관두던지

▶ 최후통첩에 의한 압박 전술

Negotiation Theory

Session 6

'고정 가격'을 내세운 결단 요구 전술

'최후 통첩에 의한 결단 요구 전술'이란 '고정 가격'을 제시함으로써 "싫으면 그만두십시오"라는 '최후통첩'을 내밀며 결단을 내리도록 압박하는 전술이다. 전기요금, 전화통화료, 대중교통 요금 이외에 소매업계의 대부분에서 고정 가격이 사용되고 있다. 예를 들면, 슈퍼마켓에서 138엔짜리 저지방 우유를 구입하면서 100엔에 깎아달라고 협상하지는 않을 것이다.

고정 가격에는 "이 가격으로 구매해주십시오. 싫으면 사지 않아도 상관없습니다"라는 의미가 담겨 있다. 즉 '협상의 여지가 없다'는 메시지를 전면에 내건 전술이다.

방파제도, 폭탄도 될 수 있는 미묘한 전술

앞에서 설명한 것처럼 우유나 껌 같은 저가의 상품을 소매 단계에서 고정 가격으로 판매하는 것은 쉽게 이해할 수 있다. 왜냐하면 작은 거래에서 하나하나 협상해야 한다면 판매자는 몇 배의 종업원을 고용하지 않으면 안 되고, 그 결과 판매관리비가 늘어나 사업을 영위할 수 없을 것이기 때문이다.

한편 소매가 아닌 경우에도 고정 가격의 효용은 있다. 이를테면, 한 명의 고객에 대한 가격 인하가 다른 고객들에게 파급되는 경우나 이미 채산성을 간신히 맞춘 가격인 경우 등이다.

그러나 거래 상담 등을 할 때 협상 초기 단계에서 판매자가 구매자의 기대치에 맞추지 않고 턱없이 높은 가격을 제안하면서 "싫다면 그만두십시오"라고 강하게 주장하면, 거래 상담이 깨질 위험이 다분히 높다. 구매자는 다른 공급자로부터 구입할 수 있는 선택지가 있다면, 이 협상을 중단할 것이다. 반대로 결렬의 위험을 무릅쓰고 협상을 빨리 매듭짓고자 하는 경우라면, 처음부터 "싫다면 그만두십시오"라는 식으로 압박할 수도 있다.

공격당하면 협상 항목을 넓히는 것으로 대응

상대가 '싫다면 그만두십시오'라는 전술을 사용했다면, 어떻게 해야 할까. 결렬할 수 없는 경우, 대응의 기본은 상대가 양보하지 않는 항목 밖으로 협상의 범위를 넓히는 것이다. 예를 들어 상대가 가격 인하에서 절대 양보할 수 없다고 나올 경우, 운송 조건을 협상하는 것이다. 즉 단일 초점 협상에서 복수 초점 협상으로 전환하는 노력이 필요하다. 이것은 협상이 막다른 길에 몰렸을 때 대안을 추구하는 생산적 과정으로 전환하는 것을 의미한다.

복수 초점 협상을 생각하기에 앞서, 싫다면 그만두라는 상대의 압박이 진심인지 아닌지 테스트하는 것도 중요하다. 예를 들면, "싫다면 그만두십시오"라는 말을 듣지 못한 것처럼 협상을 계속하거나 협상 결렬을 시사해보는 것이다. 만약 진심이 아니라면 그 항목에는 다시 협상해볼 여지가 있는 셈이다. 만약 진심이라면 그 항목 이외의 항목으로 협상의 초점을 옮길 필요가 있다.

'최후통첩에 의한 압박 전술' – 실패 사례

비즈니스맨인 다케히로 씨는 슈퍼노트라는 PC와 그 주변기기 한 벌에 투자하기로 결심했다. 여러 PC 판매점을 조사한 끝에 가장 낮은 가격이 붙어 있는 점포에 들어가서 협상을 시작했다.

다케히로	PC 판매원

PC 판매원: 무엇을 도와드릴까요?

다케히로: 예, 노트북 PC를 좀 볼까 해서요.

PC 판매원: 예, 그렇습니까. 그럼 혹시 지금 쓰시는 게 있습니까?

다케히로: 아니요. 하지만 업무에선 사용하고 있습니다. 슈퍼노트라는 기종이 좋다고 들었는데, 이쪽에 있습니까?

PC 판매원: 예, 있습니다만. 이 기종은 날개 돋친 듯 팔리고 있어, 생산이 판매를 따라잡지 못하는 상황입니다. 다른 점포에서는 한 달 가까이 기다려야만 할 겁니다.

다케히로: 아, 그렇습니까.

하지만, 고객님은 운이 좋으시네요.
마침 들어온 제품이 있어서 오늘
사신다면 바로 가져가실수 있습니다.

잘됐군요. 그런데 25만 엔이라고
붙어 있는데요, 조금 더
할인해주시면 좋겠군요.

이 기종은 이게 거의
최저의 봉사 가격입니다.
만약 고객님이 안 사시더라도
다른 고객들이 기다리고 있어서요.

아, 그렇군요. 그 이상은 무리군요.

이쪽 모델이라면 좀 더 할인해드릴
수도 있지만, (카탈로그를 보여주면서)
고객님이 원하는 건 아니지요.

그럼, 할 수 없죠.
이 가격으로 사겠습니다.

예. 고맙습니다. 인기 기종이라
틀림없이 만족하실 겁니다.
그런데 메모리 업그레이드는 어떻게
하시겠습니까? 대부분의 고객님이
업그레이드를 하는데, 지금은
5퍼센트 할인해서 2만 엔만 내시면
추가할 수 있습니다.

그럼 부탁합니다. 실은 프린터도
필요합니다. 그리고 몇 가지
소프트웨어도…….

아, 그렇습니까? (카탈로그를 보여
주면서) 그렇다면, 이게
가장 인기 있는 기종입니다.

어디가
잘못됐던 것일까?

압박을 잘하는 판매원이다. 다케히로 씨, 시종 압박을 당하는 기분이다. '싫다면 그만두십시오' 전술에 대한 효과적인 방어책의 관점에서 잘못된 점들을 짚어보자.

✖ 상대의 페이스에 말려들었다

전체적으로 다케히로 씨는 판매원의 페이스에 말려버린 듯하다. 어느 쪽이 적극적으로 상대에게 질문했는가, 그리고 어느 쪽이 적극적으로 정보를 제공했는가에 따라 협상의 흐름이 결정된다. 다케히로 씨의 말에는 "아, 그렇군요", "아, 그렇습니까?"라는 '수동적인' 말이 눈에 띈다. 좀 더 적극적인 접근이 필요하다.

▶ 상대의 결의 정도를 테스트한다

'싫다면 그만두십시오' 전술에 대한 첫 번째 대응은 상대의 '싫다면 그만두십시오'가 진심인지 아닌지, 그 결의의 정도를 테스트하는 것이다. '싫다면 그만두십시오'를 듣지 못한 듯이 '저거를 좀 싸게 해주세요'라고 협상을 계속해보는, 즉 '그럼 그만둘까' 하고 협상 결렬을 시사해보는 등의 방법이 있다.

✖ 준비 부족으로 상대의 발언을 검증할 수 없었다

다른 가게 앞의 광고지를 보고 가격을 체크했다는 것 정도로는 충분히 정보수집을 했다고 할 수 없다. 좀 더 파고들어 다른 가게의 판매원에게 직접 확인해야 한다. 정보가 적기 때문에 판매원의 발언을 검증할 수 없고, 그 결과 상대의 페이스에 말려들었다고 할 수 있다. 특히 테스트해야 할 것은 표시 가격이 절대 깎을 수 없는 고정 가격인가 하는 점이다. 다른 가게의 '가격'도 조사해두어야 했다.

▶ 준비, 또 준비

"준비하라, 항상." 준비의 중요성은 모든 협상에서 적용된다. 다케히로 씨는 다른 가게에서 적어도 상품의 공급 현황, 최저 가격, 제품의 장점과 단점 등을 조사했어야 했다. '아는 것이 힘'이라는 말도 있지 않은가. 정보는 협상력의 중요한 원천의 하나다.

✖ 자신이 가진 협상력을 제대로 활용하지 못했다

또 한 가지 아쉬운 것은 다케히로 씨가 협상 항목을 조금씩 내놓은 점이다. 처음에는 PC, 그다음에는 프린터, 그리고 소프트웨어를 보려는 것은 하나씩 따로 사는 것과 마찬가지다. 구입할 물품을 하나로 묶어 제시하고, 그 가게에서 전부 구입할 의도가 있음을 보인다면, 협상력도 높아질 것이다. 물론 앞에서 설명한 것처럼 정확한 정보를 가진 것도 협상력을 높이는 중요한 요소다.

▶ 협상 항목을 복수로 넓힌다

'싫다면 그만두십시오'에 대한 대응의 기본은 상대가 양보하지 않는 항목 밖으로 협상의 범위를 넓히는 것이다. 즉 단일 초점 협상에서 복수 초점 협상으로 전환하는 것이다. 복수의 항목에서는 상호 만족도를 높이는 대안을 추구할 유연성이 매우 높아질 것이다. PC 본체만 생각하면 가격을 양보받을 수 없겠지만, 추가 메모리를 할인받거나 노트북 가방을 받는 것은 가능할지도 모른다.

최후통첩에 의한 압박 전술 — 성공 사례

PC 판매원	다케히로

다케히로: 안녕하세요. 쭉 슈퍼노트를 둘러보았는데 이곳 정찰 가격이 가장 싼 것 같습니다.

→ 이미 정보수집은 다 했으니 이제 협상만 남았다는 의지를 담아 말하고 있다. 판매자도 방심은 금물이라고 생각할 것이다.

PC 판매원: 예, 맞습니다. 잘 오셨습니다, 고객님.

다케히로: 그런데 이 모델은 얼마에 줄 수 있습니까?

PC 판매원: 다른 가게도 보았으니 아시겠지만, 이 제품은 가장 잘 팔리는 모델입니다. 공급이 판매를 따라잡지 못하는 상황입니다. 말하자면 '싫으면 그만두세요 가격'이라고나 할까요.

다케히로: 잘 팔리는 것은 알고 있습니다. 그래서 저도 관심을 갖는 거고요. 어떨까요, 메모리를 업그레이드해야 하니까 그것을 덤으로 해주시는 게.

→ 낭비를 싫어하는 결과 중시의 인간이라는 인상을 주고 있다. 뜸 들이지 않고 메모리의 가격 인하 협상으로 전환하여, 더욱이 판매자의 발언은 짐짓 무시하고 협상을 진행하고 있다.

PC 판매원: 어, 곤란한데요…….

다케히로: 실은 슈퍼노트 외에도 프린터와 몇 개의 소프트웨어도 사고 싶습니다. 이것 전부 패키지로 생각해주시면 좋겠습니다.

예. 감사합니다.
(카탈로그를 보여주면서) 프린터라면,
이쪽의 컬러프린터가
가장 인기 제품입니다.
정가의 10퍼센트는
할인해드릴 수 있습니다.

좀 더 깎아주시지요. 옆 가게에서
는 프린터 하나만 사도 15퍼센트
할인하던데요.

→ 막연한 압력을 주면서, 즉시 구체적인 예
를 제시하고 있다. 이것은 심리적으로 매우
효과적이다.

아, 졌습니다. 그럼 20퍼센트
할인하는 것으로 마무리를 짓지요.

이쪽 소프트웨어는?

20퍼센트 할인하면
본전밖에 안 남습니다.

앞서 말한 추가 메모리 말인데요,
얼마쯤으로 해주시겠습니까?

10퍼센트가 한계입니다.

뭐, 좋습니다.
그럼 5미터짜리 네트워크 케이블과
공 DVD 1팩을 덤으로 주세요.
가능하겠지요?

잠시 기다려주십시오. 이 이상은
도저히. 가게가 망하기 전에
돌아가시지 않을 것 같군요. (웃음)

→ 결국 판매자도 웃으며 다케히로 씨가 협
상에 능숙하다는 점을 인정하고 있다. 최종적
으로 판매자는 가격을 인하했지만 많은 상품
을 판매할 수 있었고, 구매자는 PC 본체의
가격을 깎지는 못했지만 패키지로 유리한 쇼
핑을 했다. 쌍방의 만족도가 높은 협상이다.

권한이 없는 것을
역으로 이용하라

협상 당사자들은 "권한이 없어서 협상을 하기 어렵다", "좀 더 권한이 있으면 좋겠다"는 얘기를 종종 한다. 그럼 협상가가 더 큰 권한을 가지면 자동적으로 생산적인 협상이 가능할까? 답은 아마 'NO'일 것이다. '권한'을 '양보할 수 있는 능력'으로 생각할 때, 한정된 권한에는 장점도 있다. 가령 권한이 전혀 없는 협상가라고 해도 협상 프로세스에 커다란 공헌을 할 수 있다.

즉 권한이 '있다', '없다' 보다는 '권한을 어떻게 활용할 것인가'라는 관점이 협상에서는 더 중요하다.

제한적인 권한에도 커다란 장점이 있다

양보할 수 있는 능력에는 한도가 있다. 즉 협상가의 권한에는 한계가 있다. 이러한 사실로 인해 상대의 무리한 요구에 대해서 'NO'라고 말할 수 있는 근거가 생긴다. "내 권한 내에서는 이게 최선이다", "이 이상은 무리다"라는 메시지를 상대에게 보내는 것이다. 즉 권한에 한계가 있다는 것은 기본 도리를 다하면서도 'NO'라고 말할 수 있는 안전망이 되는 것이다. 사실 강압적으로 나오는 에이전시나 소비자에게 권한이 별로 없는 담당자를 일부러 배치하는 전술도 있다.

다만 이 전술은 중요한 거래 상대에 대해서는 위험한 전술이 된다. 권한이 별로 없는 당사자를 상대한 사람은 무시받고 있다고 느끼고 거래 상담에서 이탈해버릴 수도 있기 때문이다. 또한 제한된 권한은 쌍방의 만족도를 높이는 대안을 생각하는 원동력이 된다. 이를테면 가격 면에서는 양보할 권한이 없다면, 다른 항목에서 양보를 강구해서 합의안을 모색하는 힘이 생기는 것이다.

권한이 전혀 없는 협상가라도 공헌 가능

모든 면에서 전혀 권한이 없는 상황은 매우 드물지만, 가령 그렇다고 해도 협상에 공헌하는 것은 가능하다. 예를 들면 상대의 주장이나 요구, 그리고 그 배경에 있는 진짜 관심사 등을 찾는 것은 충분히 가능하다. 권한이 없다는 것은 역으로 상대에게 개인적으로 더 가까이 다가갈 수 있다는 얘기다. 그 경우 상대의 진심을 이끌어낼 가능성이 높기 때문에, 잘만 하면 중요한 정보를 가지고 조직에 돌아갈 수 있을지도 모른다. 모은 정보를 토대로 쌍방의 만족도를 높이는 대안을 입안하는 데도 공헌할 수 있다. "나 같은 풋내기에겐 전혀 권한이 없어"라고 낙담하지 말고, 긍정적으로 협상에 참여하자.

권한이 지나친 것도 위험

모든 면에서 커다란 권한을 가진 사람이 협상에 직접 나선 경우를 생각해보자. 대부분의 경우 권한을 가진 것은 상층부이기 때문에 그들이 협상의 세부항목까지 숙지하고 있을 가능성은 낮다. 대폭적으로 양보할 수 있는 입장이 오히려 재앙이 되어, 필요 이상의 양보를 해버릴 가능성도 있는 것이다. 협상이 빠른 시간 안에 끝나더라도, 서둘러 합의한 안이 결렬되었을 때의 차선책보다 못할 수도 있다. 덧붙여서 권한이 있는 사람이 반드시 협상력을 가지는 것은 아니다.

일반적으로 대형 M&A와 같은 기밀성이 높은 안건을 빼고 권한이 큰 사람, 이를테면 경영자가 협상에 임하는 것은 바람직하지 않다. 기밀성이 높은 안건인 경우, 경영자는 협상에 능한 자문역과 함께 협상에 임해야 한다. 보통은 제한된 권한을 가진 협상가가 끈기 있게 협상을 진행하는 것이 좋다.

벌컥 화내는 사람/
살살 달래는 사람

▶ 역할 연기에 의한 교란 전술

Negotiation Theory
Session 7

착한 역, 악역 연기에 의한 교란 전술

'역할 연기에 의한 교란 전술'은 팀 멤버가 악역과 착한 역으로 나누어 역할 연기를 함으로써 상대의 타협을 끌어내는 '심리적인 교란 전술'이다. 처음에는 악역이 매우 공격적인 요구를 들이대고, 그 후에 착한 역이 등장하여 악역을 달래면서 동시에 타협안을 상대에게 제시하는 것이 기본 패턴이다. 회사의 규정이나 법률, 감독관청 등도 악역의 역할을 담당할 가능성이 충분히 있다. 이 전술은 'good cop, bad cop'이라 불리기도 한다. cop(copper)은 경찰관의 애칭이다. 이 전술은 용의자로부터 범행을 자백받기 위한 경찰의 전형적인 연기에서 유래한 것이다. 미국 드라마에서 많이 보았을 것이다.

인간의 심리를 이용한 전술

'좋은 사람/나쁜 사람' 전술은 흔히 이용되는 협상 전술의 하나다. 그러한 전술이 인간의 심리를 교묘히 이용하기 때문이다. 악역의 강경한 협상 스타일에 의해 교란된 협상가는 이렇게 불합리하고 억지를 쓰는 예의 없는 인간과 협상을 해야 하나 하는 생각에 낙담하고 암담해한다. 그리고 그다음에 등장하는 상대가 매우 정상적인 협상 자세와 착한 사람의 태도로 접근하면 그 사람을 구세주처럼 느끼게 되는 것이다.

착한 역, 악역 모두 같은 팀의 일원이라는 이해

대응의 핵심은 착한 역과 악역 양자가 아무리 다른 인물처럼 보여도 결국은 같은 팀이라는 인식을 갖는 것이다. 아무리 착한 역이 좋게 보여도 그것은 단순히 악역과 비교한 결과일 뿐이다. 착한 역도 악역도 같은 상대팀의 연기자에 지나지 않는다. 이 점을 명심해야 한다.

그러므로 착한 역이 제시한 합의안이 쌍방의 만족도를 최대화하는 최적의 대안인지를 냉정하게 검증해야만 한다. 착한 역이 제시한 합의안은 악역의 안보다는 훨씬 좋아 보여도, 그 자체가 최선이라고는 할 수 없는 경우가 대부분이다.

역할 연기에 의한 교란 전술 – 실패 사례

아가와 씨는 경영 컨설팅 회사의 프로젝트 매니저다.
그는 최근 고객을 확보하기 위해 레몬은행에 컨설팅 제안서를 제출했다.
은행 측의 참가자는 스즈키 씨와 구마베 씨다.

컨설턴트 : 아가와	레몬은행 : 스즈키, 구마베

(스즈키) 정말 유감스럽군요.
아니, 유감스럽기보다도 당신의
제안서를 보고 분노를 느낍니다.
이런 쓰레기 같은 것을
잘도 제출했군!

어, 어째서요? 이것은 아주
일반적인 제안서입니다만…….

왜냐고? 들어야 이해를 하나?
그럼 가르쳐주지. 이 제안서에 있는
요금 견적 자체가 당치도 않아.
어느 누구도 우리 회사에 컨설팅
프로젝트에서 1억 엔을
요구한 적이 없어.
어느 누구도 말이야, 알겠나?

마, 만약 요금이 문제라면,
해결책은 반드시 찾을 수
있을 거라고 생각합니다만…….

당연하지! 해결하지 않으면
컨설턴트로서의 이력도 오늘로
끝장날 테니까!

그, 그럼 얼마 정도로 생각하십니까?

5천만 엔! 그 이상은 단 한 푼도 안 돼!

하, 하지만 그건 예산의 절반밖에 안 되는데요…….

그 이상은 한 푼도 안 돼! 안 된다면 할 수 없지. GCB나 데인 쪽으로 알아보는 수밖에.

잠시 기다려주십시오. 그렇게 큰 양보를 할 권한이 제게는 없습니다.

그럼, 자네의 권한으로는 대체 얼마까지 해줄 수 있는 거야?

팀 멤버의 변경이나…… 아마도 9천만 엔 정도는…….

말이 안 되는군! 돌아가게.

(구마베) 그렇게 심하게 할 필요는 없지 않나. 제안서 자체는 나쁘지도 않은데. 단지 가격이 지나치게 부풀려진 것이라서. 저쪽도 일부러 우리를 화나게 하려는 것은 아닐 걸세. 어떨까, 아가와 씨, 예를 들면 8천만 엔 정도로 낮추면 안 될까?

아니, 정말로 무리입니다. 제가 아무리 노력해도…… 8,500만 엔이 한도입니다.

그렇지. 그 정도면 적절한 제안이군. 받아들이도록 하지. 좋지, 스즈키 씨?

어디가
잘못됐던 것일까?

불행히도 아가와 씨에겐 최악의 날인 듯하다. 심정적으로는 동정해야 하겠지만, '좋은 사람/나쁜 사람' 전술을 대하는 협상 프로세스로서는 좋은 점수를 주기 어렵다. 어디가 나빴던 것일까?

✖ 악역의 연기에 말려든 것

스즈키 씨의 악역 연기가 시작되었다. 예산을 절반으로 깎아달라는 무리한 요구를 들이댄 것이다. 그러나 이렇게 처음부터 막무가내로 압력을 가한다면 베테랑 협상가도 처음엔 풀이 죽을 것이다. 프로젝트 매니저라고는 해도 아가와 씨는 아직 젊은 나이다. 이런 상황에서 압도당했다고 책할 수는 없는 것 같다.

▶ 상대의 전술을 파악한다

상대의 전술을 파악하는 것은 결코 쉽지 않다. 그러나 몇 가지 전술의 원형을 알고 있다면 그리 어려운 일도 아니다. '좋은 사람/나쁜 사람' 전술은 비교적 파악하기 쉬운 전술에 속한다. 그러나 악역의 제1격에 교란당하면 쉽게 파악할 수 있는 것도 놓치게 된다. 상대가 두 명 이상 출석하고, 그중 한 사람이 강경하게 나온다면 우선 '좋은 사람/나쁜 사람' 전술이 아닌지 의심해보자.

▶ 전술의 정통성에 의문을 던진다

'좋은 사람/나쁜 사람' 전술이라는 판단이 들면, 어떻게 대처해야 할까?

우선 상대의 전술에 정면으로 부딪치는 방법이 있다. 즉 "당신들은 악역과 착한 역으로 나누어 역할 연기를 하고 있는 게 아닌가?" 하고 거침없이 질문을 던져보는 것이다.

다만 그때에는 상대를 추궁하거나 힐난하지 않고 쌍방의 퇴로를 남겨두는 질문을 던져야 한다. 상대는 당연히 "당치도 않다!"라고 부정할 것이다. 그러면 "그렇군요. 그런 속 보이는 짓은 안 하겠지요"라고 정리하는 것이 좋다.

이 말은 상대에게 커다란 위협이 된다. 협상 전술은 상대가 그것을 알아채지 못하는 경우 효력을 발휘한다. 전술을 간파당한 상대는 그 전술을 포기하지 않을 수 없다.

✖ 협상의 초점을 가격에만 압축한 것

악역을 맡은 스즈키 씨의 고함에 압도당한 나머지 정신이 하나도 없는 아가와 씨, 가격 양보를 시사해버렸다.

▶ 압력을 받더라도 대폭적인 양보를 하지 않는다

사람은 누구나 "다툼을 피하고 싶다", "다른 사람을 화나게 하고 싶지 않다", "남이 강압적으로 말하는 것은 싫다"고 느끼게 마련이다. 윤리적으로 이 전술을 쓰지 말아야 하는 것은 이 전술이 인간의 약점을 파고들기 때문이다. 상호 만족도를 높이는 협상의 관점에서는 좋게 평가할 수 없는 전술이다.

협상가는 압력에 굴해 그 자리에서 대폭적인 양보를 해서는 절대로 안 된다.

▶ 제안은 항상 패키지로 파악한다

압력에 굴하지 않는 것도 중요하지만, 제안을 항상 패키지로 파악하는 관점도 필요하다. 그렇게 하면 가격은 제안의 일부 요소에 지나지 않는다는 인식이 가능해진다.

✖ 착한 역의 구조선에 그대로 올라타 버린 것

악역의 고압적인 명연기에 의해 심리적으로 동요된 아가와 씨에게 구마베 씨는 천사처럼 느껴진다. 그 결과 아가와 씨는 그가 제시하는 대안을 너무나 쉽게 수락하고 말았다.

▶ 착한 역의 제안을 악역의 제안과 분리하여 평가한다

'좋은 사람/나쁜 사람' 전술의 고민스러운 점은 악역의 제안이 너무 터무니없는 요구이기 때문에 착한 역의 제안이 상대적으로 매력적으로 보인다는 점이다. 이것은 심리적인 착각일 뿐이다. 유능한 협상가라면 착한 역의 제안을 악역의 제안과 분리하여, 그 자체로 절대 평가하는 능력이 필요하다. 착한 역의 제안도 자세히 뜯어보면 그다지 매력적이지 않다는 것을 알 수 있다.

역할 연기에 의한 교란 전술 – 성공 사례

| 컨설턴트 : 아가와 | 레몬은행 : 스즈키, 구마베 |

(스즈키) 정말 유감스럽군요. 아니, 유감스럽다기보다도 당신의 제안서를 보고 분노를 느낍니다. 이런 쓰레기 같은 것을 잘도 제출했군!

어, 어, 어째서요? 이것은 아주 일반적인 제안서입니다만…….

왜냐고? 들어야 이해를 하나? 그럼 가르쳐주지. 이 제안서에 있는 요금 견적 자체가 당치도 않아. 어느 누구도 우리 회사에 컨설팅 프로젝트에서 1억 엔을 요구한 적이 없어. 어느 누구도 말이야! 알겠나?

이런 말씀을 드려도 될지 모르겠습니다만, 아무래도 뭔가 이상한 기분이 들어서요. 설마 '좋은 사람/나쁜 사람' 전술을 쓰고 있는 것은 아니지요? 존경스러운 레몬은행 같은 회사가 설마 그럴 리가 없다고 생각합니다만…….

다, 당치 않은 소리! 그런 값싼 속임수를 쓴다고 말하는 건가? 무례한!

기분이 언짢으셨다면
대단히 죄송합니다.
저의 착각인 것 같습니다. 그러나
만약 말씀하신 것이 저희의 중요한
잠재 고객인 귀사의 본심이라면
그 뜻을 저희 회사 금융 그룹 총괄
팀장에게 전달하고자 합니다.
그분도 직접 귀 은행의
대표이사에게 연락을 드릴 겁니다.

→ 비교적 비중 있는 화제를 꺼내면서 상대를 견제한다. 이것으로 스즈키 씨의 악역 연기는 완벽하게 차단되었다.

(스즈키, 얼굴이 벌게지며
고개를 숙인다.)
(구마베) 그럴 필요는
없다고 생각합니다. 스즈키 씨는
요즘 이런저런 걱정이 많아서요.
신경 쓰지 않았으면 좋겠군요.

→ 작전이 간파당한 것을 알아차리고, 어색한 분위기를 전환하려는 착한 역.

그렇습니까.

(구마베) 프로젝트의 전체적인
내용은 마음에 듭니다.
다만 예산 수준이 저희의
지불 능력에 맞지 않을 뿐입니다.

그렇다면, 상호 합의할 수 있는
해결책에 반드시 도달할 수 있다고
생각합니다. 제1 단계의 시장 조사는
귀 은행의 스태프에게 맡기는 것이
어떨까요. 제2 단계에서의
데이터 수집을 정리하여
2차적 데이터를 사용하는 것도
가능할지 모릅니다. 이렇게 해서
천만 엔 정도는 비용을
낮출 수 있을 것 같습니다.

→ 가격에서 벗어나 다른 항목에서 협상을 시작하고 있다. 이것은 제안의 전체를 패키지로 파악할 때 가능한 일이다. 대안도 주도면밀히 준비해왔다는 점을 보여주고 있다.

그러면 좋겠군요.
어떤가, 스즈키 씨?

협상 전술, 겉보기엔
복잡해도 본질은 단순하다

이 책에서 설명하고 있는 다양한 협상 전술은 어디까지나 기본형이다. 물론 똑같은 형태로 나타나는 경우도 있지만, 대부분은 형태가 조금씩 다른 변이일 것이다.

변이는 언뜻 형태는 달라도 본질은 기본형과 같다. 그러므로 당황하지 말고 기본형과 같은 대응을 하면서, 쌍방의 만족도를 높이는 생산적 협상에 임하는 것이 좋다. 기본형이든, 변이든 핵심은 '그 전술의 본질을 파악한다'는 것이다.

'좋은 사람/나쁜 사람' 전술의 변이

'좋은 사람/나쁜 사람' 전술은 팀 멤버가 악역과 착한 역으로 나누어 역할 연기를 함으로써 상대의 타협을 이끌어내는 심리적인 교란 전술이다. 보통 악역은 누군가 한 사람이 맡는 것이 대부분이

지만 그렇지 않을 수도 있다. 상대가 한 명인 경우에도 '좋은 사람/
나쁜 사람' 전술을 쓸 수 있다.

이를테면 "우리 상사는 '양보는 절대 있을 수 없다. 양보할 정도
라면 결렬시키는 것이 낫다!'라고 주장하고 있습니다. 저도 그것은
지나치게 심하다고 생각합니다. 대신 이 정도라면 상사를 설득할
수 있다고 생각합니다만, 부디 이것으로 승낙해주시면 안 되겠습니
까?"라고 나오는 것이다. 악역은 실제로는 그 자리에는 없다. 그러
나 이 경우도 보이지 않는 악역(상사)을 설정하여 자신은 착한 역을
맡아 상대의 타협을 이끌어내려는 의도이며, 심리적 교란 전술을
쓰고 있는 것이다.

언뜻 달라 보여도 본질은 같다

더욱이 악역을 맡는 게 반드시 사람만은 아니다. 예를 들면 "저희
회사의 규정에는 이렇게 높게 책정되어 있습니다만, 이번에는 저의
분투 노력의 결과 여기까지 양보할 수 있게 되었습니다. 이 건에 관
해선 꼭 받아주셨으면 합니다"라는 식일 수도 있다. 이것도 '좋은
사람/나쁜 사람' 전술의 변이다. 그 외에도 법률이나 감독관청 등이
악역의 역할을 담당할 수 있다.

기타 변이의 사례

그럼 응용 문제를 내보겠다. 다음 시나리오는 어떤 협상 전술의 변
이일까?

"상대의 제안을 받아들이지 않았습니다. 그러자 상대방은 상황이 변한 것을 이유로 오히려 이전보다도 훨씬 나쁜 제안을 했습니다."

자, 어떤가? 겉보기엔 전혀 다른 것처럼 보이지만, 이것도 '좋은 사람/나쁜 사람' 전술의 변이다. 악역은 '상황의 변화'라는 추상적인 요인이다. 또한 악역은 처음부터가 아니라 나중에 등장했다. 그러나 더 나쁜 대안을 제시함으로써 당초의 제안을 수용하도록 하는 전술은 '좋은 사람/나쁜 사람' 전술과 본질적으로 같다고 할 수 있다.

기본 대응은 기본형 전술과 동일

기본형이든 그 변이든 기본 대응은 동일하다. 겉보기에는 달라도 전술의 본질은 변하지 않는다. 그러므로 대응의 기본 역시 변하지 않는 것이다. 앞서 설명한 '좋은 사람/나쁜 사람' 전술의 변이 사례의 경우 악역이 그 속에 있는지 없는지, 악역이 사람인지 규칙인지, 악역이 처음부터 있었는지 나중에 등장했는지는 문제가 되지 않는다. 대응의 기본은 악역도 착한 역도 결국은 한 팀이라는 인식을 토대로 착한 역/악역의 상대 평가라는 함정에 빠지지 않고, 제안을 그 자체로 평가하는 것이다(객관식 프레임이 주어지면 사람은 자신도 모르게 선택해야 한다는 심리적 강박에 빠진다).

상대가 어떠한 전술을 구사하든 중요한 것은 그 전술의 본질을 간파하는 것이다. 그러려면 평소에 그러한 눈을 기르기 위한 노력을 게을리 하지 말아야 한다.

좀 더 싸게도 할 수 있지요?

▶ 애매한 요구로 은근히 밀어붙이기

Negotiation Theory
Session 8

입찰 후의 애매한 요구 전술

'더 싸게 할 수 있지요?' 전술은 입찰이 끝난 단계에서 구매자가 판매자에게 구체적인 요청이 아니라 '어떻게 좀 안 될까요?' 라는 애매한 타진을 하는 전술이다. 석유제품이나 화학제품 등 차별화하기 어려운 상품의 협상에서 종종 볼 수 있다.

기대와 압력을 이용한 당근과 채찍 전술

이 전술은 상대로부터 어떤 양보를 끌어내는 데 효과적이다. 입찰 당사자에 대해 '수주 기대'를 갖게 하는 한편, '경쟁의 압력'도 지우는 전술이기 때문이다. 말하자면 당근과 채찍에 의한 양보 받아내기 전술이다. "어떻게 안 될까요?"라는 말에 판매자는 '이것만 끝내면 틀림없이 계약을 따낼 수 있다'고 생각할 것이다. 그와 동시에 경쟁 상대가 있다는 것과 그들도 계약 확보를 위해 필사적으로 노력하고 있다는 보이지 않는 압력을 느끼지 않을 수 없게 된다.

지나친 것은 금물. 구매자는 반드시 복수당한다

다른 모든 전술도 그렇지만 지나친 것은 금물이다. '더 싸게 할 수 있지요?' 전술은 예산의 한계가 있을 때 등 도무지 어쩔 수 없는 경우에 한정되어야 한다. 무리하게 가격을 낮추었음에도 수주하지 못한 판매자에게는 커다란 응어리를 남기게 되기 때문이다. 또한 비록 수주를 했더라도 수지가 맞지 않는 경우 판매자는 상품의 품질을 낮추거나 서비스의 질을 저하시켜서 채산성을 맞추게 된다. 결국 구매자의 만족도를 떨어뜨리는 결과가 된다.

상품 패키지 전체의 편리성을 강조

'더 싸게 할 수 있지요?' 전술에 대한 대응의 기본은 상품을 그것을 둘러싼 패키지 전체의 장점과 연결하여 부각시키는 것이다. 상품 자체로선 차별화하기가 어려울지도 모른다. 그러나 품질, 안정적인 공급, 실적 등 협상 가능한 포인트가 반드시 있을 것이다.

'더 싸게 할 수 있지요?'의 내용을 구체적으로 한다

구매자의 애매한 타진 내용을 구체적으로 파악해두는 노력도 필요하다. '얼마쯤이면 수주가 가능한가?'를 단도직입적으로 물어보는 것도 한 방법일 것이다.

애매한 요구로 은근히 밀어붙이기 – 실패 사례

고지마 씨는 기야마 석유의 영업사원이다. 그는 최근 바우케미컬 사와의
장기 공급 계약 입찰에 참가했다. 입찰이 종료된 후에 바우케이컬 사의
구매팀으로부터 미팅 제안을 받았다.

기야마 석유 : 고지마	바우케미컬 사 : 안도우, 야에가시

**(안도우) 안녕하세요, 고지마 씨.
다시 만나게 되어 기쁘군요.
경기는 어떻습니까?**

안녕하세요.
덕분에 아주 바쁩니다.

**뵙자고 한 것은 다름 아니라,
등유 장기 공급 계약에 관해서
말씀하셨기 때문입니다.
입찰은 종료되었습니다만, 실은
귀사가 좀 더 노력해주셨으면
해서요. 아주 조금만이지만요.
조금만 뭔가 해주십사 합니다.**

그렇습니까. 아직 경쟁에
남아 있어서 안도의 숨을
쉬었습니다. 장기적인 거래입니다.
단도직입적으로 얼마 정도로
해주면 좋겠습니까?

그건 좀 말씀드리기 곤란하네요.

음, 역시 그렇겠군요.
다만 저희 입찰 가격이 최저라는
확신은 충분히 있습니다만.

조금만 더 노력해주셨으면 합니다.
아시다시피 기야마 석유와는
나프타, 경유, 공업용 윤활유에서
장기 공급 계약을 맺고 있습니다.
귀사와의 거래에 크게 만족하고
있습니다. 조금만 더 노력해주시면
안 될까요?

(야에가시) 고지마 씨, 어디와
경쟁하고 있는지는 알고 있겠죠.
셸석유와 PP 페트로는 야무지게
파고들고 있습니다.
그들은 이번 계약을 따내려고
진심으로 노력하고 있습니다.
엄청난 경쟁이 될 것 같습니다.

예, 그들은 항상 만나는
경쟁 상대입니다. 다만 저희도
최선을 다하고 있습니다.
그 이상은 좀 어렵겠습니다.

고지마 씨, 경쟁 상황을 생각할 때
최선으로는 충분하지 않은
경우도 있습니다.
좀 더 노력해야만 할 때도.

알겠습니다.
선처해보겠습니다.

고맙습니다. 노력해주시면 좋고요.

(혼잣말) 하지만 값을 더 내리면
채산성이 안 맞는데……. 대체
상사에게 뭐라고 보고해야 하지?

어디가
잘못됐던 것일까?

고지마 씨는 거래처의 "좀 더 노력해주십시오"라는 부탁에 굴복하여 결국 양보를 강요받게 되었다. 고지마 씨의 대응에서 어떤 부분이 패인이었을까?

✖ 애매한 요구의 내용을 충분히 파고들지 않은 것

고지마 씨는 애매한 요구에 대해서 단도직입적으로 질문을 던졌다. "얼마 정도로 해주면 좋겠습니까?" 그러나 안도우 씨가 "그건 좀 말씀드리기 곤란하네요"라고 대답하자 구체적인 요구를 알아내는 것을 단념해버렸다. 쉽게 물러서지 않고 더 물고 늘어졌어야 했다.

▶ 추가 요구의 내용을 구체적으로 파악한다

'더 싸게 할 수 있지요?' 전술의 핵심은 '요구의 애매함'에 있다. 따라서 대응의 기본은 명확하지 않은 요구를 구체화하는 것이다. 특히 이 전술은 애매한 말을 던져 '계약을 따낼 수 있다'는 희망을 갖게 한다. 이것이 진짜인지 아닌지를 확인하기 위해서는 단도직입적으로 '무엇을 어떻게 하면 좋은가'를 물어보아야 한다. 그때는 쉽게 포기하지 말고 끈기 있게 파고들어야 한다.

▶ 경쟁 상대와의 차이를 찾아낸다

이 전술의 또 다른 특징은 경쟁 상대도 노력하고 있음을 강하게 풍김으로써 판매자에게 압력을 가한다는 점이다. 이 압력을 극복하려면 상대가 가진 정보를 아는 것, 즉 타사가 어떠한 제품·서비스를 제공하고 있는가를 알아내야 한다. 그러한 정보를 어느 정도 얻어내면 자사와의 차이를 분명히 알 수 있기 때문에 전체적으로 우위성을 가진 제안을 할 수 있다. 그런 것을 알려줄 리가 없다고 처음부터 체념하지 말고 솔직하게 물어보는 것도 유용할 것 이다.

✖ 가격에만 협상의 초점을 맞춘 것

또한 고지마 씨는 바우케미컬 사의 애매한 요구가 가격에 대한 요구라고 단정 지었다. 가격이 중요한 요소임은 사실일 것이다. 그러나 이번 협상의 내용은 장기 공급 계약이다. 가격 이외에도 지불 조건, 배송 조건, 보증 등의 다양한 요소가 있을 것이다. 입찰을 이들 패키지 전체로 파악하는 관점을 잃어서는 안 된다.

▶ 가격은 여러 요인 중 하나로 다룬다

가격은 어디까지나 복수의 요인 중 하나일 뿐이다. 따라서 가격에만 초점을 맞추지 않도록 하고, 어디까지나 패키지 전체로서의 가치를 강조해야 한다. 예를 들면 지불 조건, 배송 조건, 보증 등 가격 이외의 요소가 있다. 덧붙여서 제안 이외의 요인, 이를테면 업계에서 자사가 차지하고 있는 지위 등 공급자로서의 우위성도 있을 것이다. 다른 상품에서의 거래 실적, 재무 체질 등도 제안 이외의 요인으로서 우위성을 부각시킬 수 있다.

✖ 최종적으로 양보 약속을 해버린 것

더 많은 양보를 한다면 채산성이 맞지 않는다는 것은 고지마 씨도 알고 있었다. 그럼에도 수주 가능성과 타사와의 경쟁이라는 암시에 동요된 나머지 최종적으로 양보 약속을 해버렸다. 심정적으로는 이해할 수 있다. 그러나 현명한 협상가가 해야 할 결단은 아니다.

▶ 어쩔 수 없이 양보하는 경우에는 조금씩 내놓는다

어쩔 수 없이 양보가 필요한 경우가 있을 것이다. 그 경우에는 가격에서든 기타 항목에서든 조금씩 양보하는 것이 좋다. 압력에 굴하여 안이하게 양보나 약속을 해서는 절대로 안 된다.

애매한 요구로 은근히 밀어붙이기 – 성공 사례

| 기야마 석유 : 고지마 | 바우케미컬 사 : 안도우, 야에가시 |

(안도우) 뵙자고 한 것은
다름 아니라, 등유 장기 공급 계약에
관해서 말씀하셨기 때문입니다.
입찰은 종료되었습니다만,
실은 귀사가 좀 더 노력해주시면
해서요. 아주 조금만이지만요.
조금만 뭔가 해주십사 합니다.

아시다시피 귀사는 저희에게
매우 중요한 고객입니다.
귀사와는 다른 제품으로도
몇 가지 계약을 맺고 있습니다.
그리고 계약 내용을 엄격히
지켜왔습니다. 입찰 가격에는
저희가 제공할 수 있는 모든 품질과
신뢰성이 포함되어 있습니다.
저희의 입찰 가격은 최저가
아니라고 해도, 매우 경쟁력 있다고
확신하고 있습니다.

→ 가격만으로 파악하지 않고, 상품의 품질과 회
사의 신뢰성이라는 무형자산을 포함한 패키지
로서 입찰을 파악하고 있다. 회사의 성실성도 패
키지의 일부. 이것은 중요한 포인트다.
→ 가격도 물론 중요하다. 그 자체로도 경쟁
력이 있음을 강조하고 있다. 그러나 여기에서
도 가격과 무형자산을 포함한 패키지의 이점
을 강조하고 있다.

물론 귀사와의 거래에는
만족하고 있습니다.
거래가 계속되기 위해서도 좀 더
노력해주시길 바랍니다.

아, 그렇습니까. 느끼고 있습니다
만, 귀사에는 매우 합리적이면서도
엄격한 예산 제한이 있는 것
같습니다. 수주하려면 어느 정도의
가격 인하가 필요할까요?

→ 애매한 요구의 내용을 구체적으로 파악하
기 위해서 질문을 시작하고 있다.

그건 좀 말하기 곤란합니다.
논리적인 것이 아니니까요.

(몇 초 후) 2퍼센트 정도입니까?

……(무반응)

(다시 몇 초 후) 4퍼센트
정도입니까?

→ 수주에 필요한 가격의 양보 금액을 구체적으로 찾기 위해서 끈기 있게 파고들고 있다. 4퍼센트 정도의 가격 인하가 필요하다는 정보를 얻은 것이다.

……
(안도우, 고개를 조금 끄덕인다)
(야에가시) 고지마 씨, 셸석유와 PP페트로는 야무지게 파고들고 있습니다. 그들은 정말로 이 계약을 따내려고 진심으로 노력하고 있습니다. 엄청난 경쟁이 될 것 같습니다.

예, 그들은 항상 만나는
경쟁 상대입니다.
경쟁도 치열하고요. 배송 후
90일 뒤라는 지불 조건을 대폭적으로
단축하는 것은 가능할까요?
예를 들면 30일로 단축하거나,
배송 시에 현금 지불로 하던가?

→ 쉽게 양보하기보다는 패키지 전체를 조정하는 노력을 시도하고 있다.

고려할 수 있을지도 모르겠습니다.

부탁입니다. 가능하다면 처음처럼
매주 배송이 아니라 월 1회 배송으로
하면 어떻겠습니까?

공장장에게 확인해야겠지만,
저장시설은 충분합니다.

다행입니다. 그럼 입찰 가격에
대해선 재검토해보겠습니다. 내일
아침 제일 먼저 연락드리겠습니다.

질문에 대답을 **잘하는 스킬**

당연한 애기지만, 질문을 이해하지 못하면 적절한 대답은 불가능하다. 따라서 좋은 대답의 첫째 조건은 상대의 질문을 잘 이해하는 것이다. 그러려면 잘 들어야 한다. 질문은 몇 가지인가, 질문의 종류는 무엇인가, 질문자의 진짜 의문 및 관심사는 무엇인가 등을 정확하게 파악하는 것이 중요하다. 질문이 긴 경우에는 메모를 하면 좋을 것이다. 메모는 오류를 줄여주고, 상대에게 '진지하게 듣고 있다'는 인상을 심어준다.

답하기 전에 조금 뜸을 들인다

질문이 끝나면 즉석에서 대답하지 말고 몇 초 사이를 두고 생각을 정리한다. 그렇게 하면 자신을 안정시킴과 동시에 질문을 진지하게 받아들이고 즉흥적이 아니라 제대로 된 대답을 준비하고 있다는 인상을 심어준다. '어-', '저-', '그-' 등 무의미한 소리를 내지 않도록 하자. 메모를 하는 경우에는 질문의 요점을 정리하는 시간을 이용해 이 '뜸들이기'를 사용한다.

질문을 되풀이한다

답하기 전에 질문을 되풀이하는 것의 장점 중 하나는 질문자 이외의 참가자에게 정확한 질문 내용을 다시 한 번 확인시켜줄 수 있다는 것이다. 잘 듣지 못한 질문에 대한 답을 들려주는 것은 욕구불만의 원인이 된다. 또한 질문을 되풀이함으로써 질문을 정확하게 파악했다는 인상을 줄 수 있다. 단순히 질문을 그대로 되풀이하는 것이 아니라 애매하게 표현된 질문을 구체적인 질문으로 바꾸거나 질문 내용을 몇 가지로 정리함으로써 답변하기 쉽게 한다는 장점도 있다.

짧게 대답한다

대답은 짧게 하는 편이 좋다. 응답을 질질 끄는 경우 상대는 싫은 기색을 내비친다. 대답을 하고, 그것을 뒷받침하는 논거(데이터, 이유, 사례 등)를 한두 가지 덧붙여서 산뜻하게 끝내도록 한다. 이를테면 "저희 회사의 판매 관리비에 대한 질문이군요" 하고 되풀이한 후에 "저희 회사의 판매 관리비는 영업사원에 대한 높은 신뢰성의 표현입니다. 고객들에게 부가가치가 높은 솔루션을 제공하기 위한 투자라고 생각합니다"라고 답하면 좋을 것이다.

마지막에 변명을 하지 않는다

깔끔하게 끝내려면 변명을 하지 않는 것이 좋다. 이를테면 대답을 마친 후에 "저도 실은 잘 알고 있습니다만"이나 "답이 되었는지 잘 모르겠습니다" 등은 불필요한 발언이다. 또한 응답의 마지막에 "이걸로 질문에 대한 충분한 답이 되었습니까?"라고 묻는 사람을 종종 볼 수 있다. 바꿔 말해서, "당신의 질문을 잘 몰라서 초점에서 벗어난 답변이 되었을지도 모른다. 틀렸으면 미안하다"고 말하는 것과 마찬가지다. 질문자에 대한 실례인 셈이다.

다른 데는 안 그렇던데

▶ 정보 수집을 겸한 역경매 전술

Negotiation Theory

Session 9

정보수집을 겸한 가격 낮추기 전술

경매란 다수의 구매자에게 가격을 경쟁시켜, 가장 높은 가격을 내건 구매자에게 판매하는 것을 말한다. 역으로 가장 싼 가격을 내건 판매자로부터 구입하는 것을 '역경매'라고 한다.

'정보수집을 겸한 역경매 전술'은 구매자 자신이 해당 상품이나 서비스의 내용에 익숙하지 않아서 구체적으로 어떠한 요소(사양)를 판매자에게 요구해야 하는지가 불명확한 경우에 종종 볼 수 있는 전술이다.

우선 복수의 판매자에게 기획을 제출하도록 요구한다. 구매자는 그러한 제안을 해석한 다음에 자기가 요구하는 것의 사양을 검토하면서 다시 디자인한다. 그리고 그것에 기초한 새로운 요구를 판매자에게 제시함으로써 판매자들이 추가적인 가격 경쟁을 하도록 하는 전술이다.

이 전술은 누구에게 구매하든 사양이 크게 다르지 않은 범용품이 아니라 구매자들이 요구하는 사양이나 편의성이 다른 경우에 구매자들의 요구에 맞춰 다양한 사양이 조합된 제품이나 서비스가 그 대상이 된다. 이를테면 개인 주택, 경영 컨설팅 프로젝트, 대형 장치의 발주 등이 그렇다.

효능의 원천은 정보력과 경쟁 압력

이 전술이 가진 효능의 원천은 정보력과 경쟁 압력에 있다. 복수의 판매자로부터 제안을 받음으로써 구매자는 자신에게 중요한 제품, 서비스의 요소들을 알 수 있게 된다. 그리고 그 조합에 어떠한 선택지가 있는지도 알 수 있다. 또한 판매자는 경쟁자의 존재를 의식하게 된다.

시간을 잡아먹는 복잡한 전술

이 전술은 많은 이점이 있음에도 시간이 많이 걸릴 뿐만 아니라 프로세스 자체도 매우 복잡하다. 그 때문에 이 전술을 사용하는 구매자에게도 상응하는 압력이 가해진다. 우선 구매자는 복수의 판매자로부터 개별적으로 설명을 듣는다. 그것을 이해한 다음 새로운 요구를 판매자에게 내놓을 필요가 있다. 게다가 다시 한 번 새로운 제안 설명을 개별적으로 듣고 이해해야 한다. 또한 애초엔 단순하게 생각한 여러 요소 간의 관계가 설명을 들을수록 복잡하게 섞였다는 사실도 발견하게 된다.

구매자가 요구하는 요소와 우선항목을 파악한 다음에 합리적으로 설명한다

시간이 많이 걸리는 복잡한 전술이기 때문에 대부분의 경우 구매자는 혼란에 빠진다. 그러므로 수주를 따내는 열쇠는 구매자로 하여금 "합리적인 의사 결정에 도달했다"는 확신을 가질 수 있도록 판매자가 설명하는 것이다. 그러려면 판매자는 구매자가 제품, 서비스에서 요구하는 요소와 우선순위를 꼼꼼하게 파악할 필요가 있다. 그런 다음 상호 만족도를 향상시키는 대안을 가다듬는다.

정보수집을 겸한 역경매 전술 – 실패 사례

이시카와 씨는 중간관리직을 대상으로 문제 해결 능력 향상을 꾀하는 새로운
유형의 연수를 기획하고 있다. 그에게는 전혀 새로운 시도이기 때문에
연수 디자인과 위탁업자를 선택하는 데 '역경매' 전술을 사용하기로 했다.

트레이닝 회사 : 히라노	인재개발 담당 : 이시카와

이시카와: 안녕하세요, 히라노 씨. 발걸음 해주셔서 고맙습니다.

히라노: 뭘요. 조금 피곤해 보입니다.

이시카와: 예, 그렇습니다. 그건 그렇고 본론으로 들어가지요. 귀사의 제안을 타사의 제안과 비교하며 살펴보았습니다. 덕분에 저도 많은 지식을 얻을 수 있었습니다. 그것을 토대로 다듬어본 연수의 새로운 틀입니다.

히라노: (새로운 기획서를 보면서) 훌륭한 프로그램입니다. 논리사고, 글쓰기 강좌, 문제 해결 기법, 전략, 마케팅, 회계, 재무, 인적 자원 관리……. 상당히 많이 준비하셨네요.

이시카와: 예. 모두 중요한 것들이라고 생각합니다. 그렇지 않습니까?

(계속 기획서를 보면서)
말씀하신 대로입니다.
이러한 분야 모두에 대해서
케이스 스터디까지 첨부했네요!

예, 케이스 스터디는
현실적인 문제 해결의
방법 습득에 매우 효과적이라서요.
저는 문제 해결 능력의 모든
요소를 집어넣고 싶습니다.

지당하신 말씀입니다.
모든 것을 망라한다는
생각은 잘 알겠습니다.
(기획서를 보고 예산이 작은 것에
놀라며) 저, 그런데 이 예산의
범위에서 연수 실시를
생각하십니까?

예, 타사는 이 예산 안에서
노력하겠다며 매우
긍정적인 반응이었습니다.
당연히 귀사도 긍정적으로
검토해주시겠지요?

무, 물론입니다! 저희도 본 안건에
관해서는 타사에 결코 뒤지지 않는
열의를 가지고 있으니까요.

그럼 다행이군요.
제가 듣고 싶었던 답입니다!

(혼잣말) 벌써 엄청난 노력을
쏟았는데. 얼마를 해야
이 건이 끝나지? 곤란한데……

어디가
잘못됐던 것일까?

히라노 씨는 상대의 '역경매' 전술의 진흙탕에 빠져버린 듯하다. 이제부터 생각해보자. 어째서 이런 결말에 이르게 되었을까?

✖ 새로운 요구안을 받아들이고 만 것

히라노 씨는 새로운 요구안을 검토하지 않고 받아들이고 말았다. 영업 담당자는 회사를 대표하므로 고객의 요구에 대해 건설적인 평가를 하는 것이 바람직하다. 특히 이러한 포괄적인 연수가 필요한가 하는 의문을 가져야 했다. 이시카와 씨도 제안에 100퍼센트 자신하지 못하는 것이 대화에서도 드러난다.

▶ 협상 상대가 아마추어라는 점을 잊지 않는다

이 전술을 사용하는 구매자가 단기간에 효율적으로 정보수집을 할 수 있는 것도 사실이다. 복수의 제안을 비교하여 중요한 요소를 파악할 수 있다. 그러나 구매자는 협상의 아마추어다. 제안서에 기입되어 있는 것은 비교를 통해 이해할 수 있어도 물밑에 있는 그 밖의 요인에는 정통하지 못한 것이다.

구매자는 모든 정보를 가지고 있을 리가 없다는 인식은 여전히 컨설팅의 수요가 있다는 것을 의미한다. 또한 이러한 인식은 판매자가 불필요한 압력을 스스로 짊어지지 않기 위해서도 유익하다. 전문가는 상대방이 아니라 이쪽인 것이다.

▶상대가 요구하는 요소와 우선순위를 부각시킨다

따라서 구매자가 자신의 진짜 수요를 파악하지 못한 경우엔 판매자가 그것을 부각시킬 필요가 있다. 무비판적으로 구매자의 요구를 채우려는 것이 아니라 프로로서 구매자의 입장을 충분히 고려하면서 진짜 관심사에 접근하는 자세를 지니는 것이 중요하다.

✖ 독자성을 드러내지 않아 경쟁 압력에 굴복해버린 것

새로운 제안에 대해 프로로서의 의견을 말하지 않았기 때문에 히라노 씨는 협상가로서 혹은 문제 해결자로서의 존재 가치를 어필하지 못했다. 즉 경쟁사와의 차별화에 실패한 것이다. 그 때문에 이시카와 씨가 타사와의 경쟁을 들고 나왔을 때 히라노씨는 그 압력에 굴복하지 않을 수 없었다.

▶상대가 요구하는 것을 만족시키는 제안을 합리적으로 설명

복수의 제안 내용을 이해하려고 하면 할수록 구매자는 혼란에 빠진다. 더욱이 이 전술은 시간이 걸릴 뿐만 아니라 복잡한 프로세스를 요하기 때문에 구매자의 조직 내에서의 보고나 의사소통에도 상당한 에너지가 필요하다. 여기에 수주의 열쇠가 있다.

당연히 구매자는 합리적이고 올바른 구매를 하고자 한다. 또한 구매자는 사내에서 채택한 제안이 합리적이라는 것을 설명해야만 한다. 그러므로 판매자로선 구매자가 필요로 하는 상품, 서비스의 내용과 우선순위를 분명히 하고, 그것에 기초한 제안을 내놓음과 동시에 그 제안이 얼마나 합리적이고 경제적인지를 구매자가 이해할 수 있게 명확히 전달해야 한다. 즉 대응의 포인트는 경매를 문제 해결 프로세스로 전환하는 것이다.

▶이 전술을 채용한 상대의 부담을 인식하는 것도 중요

시간이 걸릴 뿐만 아니라 복잡한 프로세스를 요하는 전술이므로, 구매자도 큰 부담을 느낀다. 이것은 중요한 인식이다. '압력은 일방적인 것이 아니다'라는 인식은 판매자의 동기부여에 긍정적으로 작용하기 때문에 전반적인 협상력의 증대로 이어질 것이다.

정보수집을 겸한 역경매 전술 – 성공 사례

트레이닝 회사 : 히라노 **인재개발 담당 : 이시카와**

이것이 연수의 새로운 기획입니다.

(새로운 기획서를 보면서)
훌륭한 프로그램입니다. 상당히
많이 준비했군요. 중요한 요소
모두를 망라하는 프로그램입니다!

→ 상대의 요구를 이해한 다음, 그 본질을 확인하고 있다. 동시에 이 단계에서 고객이 자신의 우선순위를 잘 알지 못하는 것도, 현명한 협상가라면 헤아릴 수 있을 터.

예. 모두 중요하다고 생각해서요.
그렇지 않습니까?

예. 말씀하신 대로입니다. (기획서에
적힌 예산을 보고서) 하지만
이시카와 씨, 이 예산 금액은 이러한
연수 규모와는 큰 간극이 있는 것
같군요. 이 예산으론 필요조건을
만족시키기가 어렵다고 봅니다.

→ 프로로서 고객의 제안을 엄격하게 평가하고 있다.

이상하네요. 다른 두 회사는
해보겠다고 말했는데. 어째서 귀사는
무리라고 하는 건지요? 이 일을
맡고 싶지 않습니까?

물론 맡고 싶습니다! 저희 회사도
이 안건 수주에 관해선 타 회사에
못지않은 열의를 가지고 있습니다.
저는 이 업계 상황을 잘 알고
있습니다만, 이 제안을 정해진 예산
내에서 디자인하는 것은 어렵습니다.
품질을 희생하지 않는 한.

→ 상대의 상황이나 제안을 충분히 이해한 다음, 그 한계를 단적으로 그리고 솔직하게 드러내고 있다. 그것을 예산과 연수 내용의 기대치에 괴리가 있다는 형태로 지적하고 있다. 그러한 예산을 타사가 수용했다고 하지만 그것은 질을 떨어뜨리지 않고서는 불가능하다는 것을 시사하며 상대방을 동요시키고 있다.

그저 그런 연수는 절대 바라지 않습니다. 저의 평판이 걸려 있는 문제니까요.

저희도 질을 떨어뜨리고 싶지 않습니다. 그러나 귀사에도 엄격한 예산 제약이 있다고 생각합니다. 이 내용을 예산 범위 내에서 하기 위해선 우선순위를 정해서 기획을 수정할 필요가 있을 겁니다.

→ 즉시 협상 모드로 들어가고 있다. 고객도 자기의 평판이 떨어져선 곤란하므로 컨설팅을 수용할 준비가 되어 있을 것이다.

맞습니다. 지당한 말씀입니다. 그럼 무엇을 어떻게 해야 할까요?

연수 초점은 문제 해결 능력의 개선에 있기 때문에 논리사고와 문제 해결 방법 강좌는 꼭 필요하겠지요. 하지만 전략과 마케팅 강의는 생략해도 무방합니다. 연수 대상이 되는 분들은 이 분야에선 상당한 직무훈련을 받았을 테니까요.

→ 상대의 수요를 파악하여 그것을 만족시키는 제안을 알기 쉽게 설명한다. 이시카와 씨도 납득하고 있다.

그렇군요. 생각해보면 그들은 기초적인 회계지식도 가지고 있습니다. 그래도 재무 능력은 안 되겠지요.

그렇습니까? 그렇다면 재무 강의와 케이스 스터디는 포함시키지요. 또 인적 자원 세션은 빼도 괜찮겠습니다.

어려운 질문에 대한
유능한 대응은 필수적 스킬

질문이 불명확하면 반드시 되묻는다

'불명확한 질문'은 보통 주어부와 술어부가 확실하지 않고, 장황하게 이어지는 질문이다. 질문이라고도 주장이라고도 하기 어려운 코멘트의 마지막에 "이 점, 어떻게 생각하십니까?"로 끝맺는 것이 전형적이다. 이에 대한 대응은 질문 자체를 이해하기 어렵기 때문에 우선은 질문자에게 되물어보는 것이 좋다. 대부분의 경우 두 번째는 더 구체적인 질문이 된다. 그 외에 어떤 표현을 명확히 해달라, 정의해달라고 요구하는 것도 효과적이다. 어쨌든 불명확한 질문에 그대로 대답하는 것은 현명하지 않다.

부정적인 질문에 대응하는 제일보는 사실의 확인

"왜 제조비용이 증가하고 있는가?", "적자 사업을 언제까지 계속할

것인가?" 등 부정적인 부분에 초점을 맞춘 질문을 '마이너스 질문'
이라고 한다. '마이너스 질문'에 바로 대답하는 것은 마이너스 사실
을 인정하는 것이 되기 십상이다. 이러한 질문에 전향적으로 대응
하려면 무엇을 말할 것인가, 그리고 어떻게 긍정적으로 표현할 것
인가를 생각할 필요가 있다. 이를테면, "왜 영업사원의 사기가 최근
저하되고 있는가?"라는 질문에 그대로 답해버리면, 사기가 저하되
고 있는 것을 인정하는 셈이 된다. 따라서 대답하기 전에 질문의 내
용을 되물어서, 질문자가 전제로 하고 있는 사실의 옳고 그름을 확
인해야 한다.

답할 수 없는 질문에는 척도를 바꾸어서 대응

'마이너스 질문'에는 직접적으로 대답하기 어렵다. 이를테면, "왜
당신 회사 제품은 다른 회사 제품에 비해 가격이 더 비싼가?"라는
질문에 대해 기계적으로 "우리 회사는 좋은 품질의 소재를 사용하
고 있다"고 대답하면 질문자는 납득하지 못할 것이다. 질문자를 만
족시키려면 고가격의 기계적인 이유보다도 '질문자에게 고가격이
가진 긍정적인 의미'를 설명하는 편이 더 설득력 있다. 예를 들면,
"저희 회사 제품의 가격은 제품의 높은 품질과 신뢰성을 반영하고
있습니다. 제공할 수 있는 모든 가치에서 저희 회사 제품은 매우 득
이 된다고 생각합니다"라고 대답할 수 있다.

이러한 예에선 '답하기 어려운 질문'에 대한 대응의 핵심이 담겨
있다. 즉 대답의 초점을 질문자의 '가격'으로부터 고객이 프리미엄

을 더 얹어도 좋다고 생각할 정도의 '편의성(가치)'으로 전환함으로써 간접적으로 질문에 답한 것이다. 비판적인 질문의 긍정적인 측면을 강조하여 답하는 것이 포인트다.

마이너스 질문에는 마이너스 표현이 붙는 법

'마이너스 질문'에는 마이너스 표현이 붙는 법이다. '비용 급증', '수요 하락', '자금 악화' 등은 부정적인 이미지를 지닌 표현이 그것이다. 그러므로 질문을 되풀이하는 시점에서 부정적 표현을 적어도 중립적인 표현으로 바꾸어야 한다. '급증', '하락', '악화' 등은 '추이', '트렌드' 등의 표현으로 바꿀 수 있다. 예컨대 우리 아이가 다니는 초등학교에서는 학부모가 참가하는 교정이나 학교 주변의 '청소'를 '환경 정리'라고 부른다. 멋진 말이다.

그런데 이것도 덤으로 주면 안 될까요?

▶ 합의 후의 추가 요구 전술

Negotiation Theory

Session 10

합의 직전/직후의 무상 추가 요구 전술

'이것도 덤으로 해주세요' 전술은 협상 합의 직전 또는 직후에 구매자가 판매한 것에 비해 상대적으로 작은 무상의 추가, 즉 '덤'을 요구해오는 전술이다. 이를테면 와이셔츠를 구입할 때 덤으로 넥타이를 요구하는 식이다. 전략 입안 후 경영 컨설팅 회사에 전략 실시의 도움을 요구하거나 연수 실시 후에 강사에게 참가자의 보고서 채점을 요구하는 것도 같은 전술이다.

사실 구매자만이 아니라 판매자도 이 전술을 활용할 수 있다. 이를테면 출하된 상품이 구매자의 주문보다 약간 많은 경우나 합의 단계에서는 얘기가 없었던 항목이 판매자의 청구서에 추가된 경우 등이다.

상대 측의 협상 종결 바람을 간파한 심리 전술

왜 이 전술은 효과가 있을까? 우선 '덤'이 합의 사항에 비해 상대적으로 작은 것이기 때문이다. 그래서 판매자는 "뭐 그리 큰 요구는 아니니까" 하고 양보해버리는 경우가 많다. 이에 덧붙여서 판매자는 빨리 협상을 종결짓고 싶어하기 때문에 상대적으로 작은 요구를 가지고 협상을 질질 끌려고 하지 않는다. 특히 협상 종결 후에 덤을 요구해오면 판매자는 "이제 다시 협상을 재개하고 싶지 않다"는 강한 동기가 작용한다. 그 결과 본래 수용해서는 안 될 요구까지도 승낙해버리게 된다. 또한 구매자에게 호감을 사고 싶어하는 판매자의 동기도 작용한다고 할 수 있다.

부드럽게 그러나 의연한 태도로 거절

'이것도 덤으로 해주세요' 전술에 대한 기본 자세는 부드럽게 그러나 의연한 태도로 거절하는 것이다. 아무리 작은 덤이라도 쌓이면 산이 되는 법이다. 또한 덤을 선의라고 생각해서는 안 된다. 덤이라고 해도 어디까지나 협상 범위 내의 선택지인 것이다. 더욱이 무상 추가 요구를 수용하지 않는 방침뿐만 아니라 덤을 뺄 대책도 만들어두는 것이 중요하다.

합의 후의 추가 요구 전술 – 실패 사례

사토 씨는 대형 회계사무소의 회계사다. 그는 대형 슈퍼마켓 체인인
일레븐AM 사의 재무 담당 최고책임자인 아라카와 씨와 큰 계약건을 두고
협상 중이다.

일레븐AM : 아라카와	회계사 : 사토

사토: 자, 이제 합의에 도달할 수 있겠군요. 아주 기쁩니다.

아라카와: 동감입니다. 귀사와는 오랫동안 거래를 하고 싶습니다.

사토: 저희도 같은 생각입니다. 저희는 몇 십 년이나 귀사와 같은 우량고객과 함께 일해왔는데, 지금까지 고객들이 좋은 평가를 내려주셨습니다. 회계감사에서는 다른 곳에 뒤지지 않을 자신이 있습니다.

아라카와: 우량고객이라 말씀해주시니 고맙습니다. 그런데 사토 씨나 귀사의 다른 분이라도 좋습니다만, 내주 이사회에 오셔서 한두 시간 최근 국제회계기준의 경향에 관해서 말씀해주실 수 없겠습니까?

사토: 잘 알겠습니다. 그 분야의 전문가는 많이 있습니다.

아라카와: 잘되었네요. 비서가 나중에 자세한 내용을 알려드릴 겁니다.

고맙습니다. 그럼 오늘은 이 정도로…….

아, 그런데요, 정보 시스템 부문의 사원이 저희 회계 시스템에 관해서 귀사에 간단히 의견을 묻고 싶다고 합니다. 가까운 시일 안에 저희 데이터 센터를 방문해달라고, 귀사의 전문가에게 부탁드려도 될까요?

어, 적임자가 있는지 알아보고…….

고맙습니다. 나중에 비서와 스케줄을 조정해주십시오.

시간을 내주셔서 감사합니다. 이제 가봐야…….

(말을 자르면서) 아, 그렇군요. 하급관리직 연수에 회계 강사를 찾고 있습니다만, 좋은 분을 소개해주시겠습니까? 귀사가 따낸 계약에 비해서 하찮은 일이잖습니까?

음, 그렇군요! 자세한 내용은 비서와 말하겠습니다. 정말로 이제 가야 합니다. 내일까지 최종 계약서를 준비하겠습니다. 그럼.

어디가
잘못됐던 것일까?

사토 씨, 상대의 덤 요구를 차례차례 받아들이고 있다. 이래선 수익성이 없지 않을까. 협상에서의 개선점은 무엇일까? 구체적으로 생각해보자.

✖ 덤 요구를 예상하지 못한 것

사토 씨, 대형 협상이 마무리되는 시점이라 긴장이 풀린 탓인지 아무래도 덤 요구를 전혀 예상하지 못한 것 같다. 처음의 추가 요구를 아무렇지도 않게 승낙해버렸다. 비즈니스 협상에선 덤 요구는 반드시 따라온다고 생각해두는 편이 좋다.

▶ 덤을 '선의'라고 오인하지 않는다

상대의 추가 요구가 상대적으로 작다는 사실, 빨리 거래를 종결짓고 싶다는 바람, 거기에 덧붙여 판매자에겐 향후의 거래를 생각해서 구매자의 만족도를 높이고 싶은 마음이 있다. 이러한 동기도 '덤'의 요구를 수용하게 되는 요인으로 작용한다. 즉 덤 요구를 상대에 대한 선의의 표현이라고 스스로 정당화해버리는 것이다. 언뜻 보기에는 긍정적인 동기에서 나온 행동 같지만, 실은 매우 위험하다. 일반적으로 무료 서비스에 대한 수요는 무한해질 수 있기 때문이다. "공짜보다 비싼 것은 없다"는 격언은 보통 받는 측에 대한 경계에서 나온 것이다. 그러나 그 빈도를 보자면 판매자에 대한 경계라는 게 맞을 듯하다.

✖ 덤의 누적 효과를 인식하지 못한 것

더욱이 사토 씨는 추가 요구를 우물쭈물하는 사이에 차례차례 받아들이고 말았다. 강연이나 강사의 업무, 컨설팅에는 엄청난 시간이 들어간다. 즉 상당한 비용이 발생하는 것이다. 아라카와 씨에게 사토 씨의 인식은 안이하게 비쳤을 것이다. 뒤늦게야 겨우 알아차린 것 같지만.

▶ 덤도 쌓이면 산처럼 된다

구매자가 요구하는 덤은 본 거래에 비하면 상대적으로 작은 것이 확실하다. 하지만 큰 거래에선 덤 자체도 절대액으로 보면 꽤 클 수가 있다. 덤도 쌓이면 산더미처럼 될 수 있다는 점을 인식해야 한다. 쌓이고 쌓인 덤은 최종적으로는 판매자의 이익에 커다란 구멍을 낼 수도 있다.

✖ 덤 전술에 대해 대항책을 강구하지 않은 것

'덤 요구'를 예상하지도 못했고, 그것의 부정적인 효과도 충분히 인식하지 못했다. 이러한 상황에선 효과적인 대항책을 강구할 수 없다. 그 자리에서 도망쳐 나오는 것이 그나마 잘한 일일 것이다.

▶부드럽게, 그러나 의연하게 덤을 거절한다

이 전술에 대한 기본 자세는 부드러운 그러나 의연한 태도로 거절하는 것이다. 나를 포함하여 기가 약한 여러분들은 '알면서도 어쩔 수 없다'는 것이 진심일 것이다. 하지만 덤도 쌓이면 산더미가 된다는 것, 그리고 최종적으로는 이익에 커다란 구멍을 낼 위험이 있다는 것을 잊지 말자.

▶덤 요구 거절의 대책을 세운다

덤 요구 전술의 대응을 '기본 자세'에만 맡기는 것으로는 충분하지 않다. 협상가의 개인적인 노력에 더해서, 덤 요구 거절 대책을 시스템화하여 업무에 반영하는 것도 중요하다. 우선 생각할 수 있는 것은 추가 요구에 대해 가격을 설정해두는 것이다. 가격을 설정함으로써 그 요구를 상당히 줄일 수 있다. 또한 담당 협상가에게 요구를 승낙할 권한을 주지 않는 전술도 있다. 상대는 거래처의 상층부에 줄을 대면서까지 바라는 것은 아니기 때문에 포기할 확률이 높아진다.

합의 후의 추가 요구 전술 – 성공 사례

| 일레븐AM : 아라카와 | 회계사 : 사토 |

회계사 : 사토

저희는 몇 십 년이나 귀사와 같은 우량고객과 함께 일해왔는데, 지금까지 고객들이 좋은 평가를 내려주셨습니다. 회계감사에서는 다른 곳에 뒤지지 않을 자신이 있습니다.

일레븐AM : 아라카와

우량고객이라 말씀해주시니 고맙습니다. 그런데 사토 씨나 귀사의 다른 분이라도 좋습니다만, 내주 이사회에 오셔서 한두 시간 최근 국제회계기준의 경향에 관해서 말씀해주실 수 없겠습니까?

회계사 : 사토

잘 알겠습니다. 그 분야의 전문가는 많이 있습니다. 귀사는 중요한 고객이니 특별 가격에 봉사해드리겠습니다. 자세한 내용은 이메일로 비서에게 알려드리겠습니다.

일레븐AM : 아라카와

특별 가격 말입니까? 요금을 내야 하는 겁니까? 계약에 포함된 게 아닌가요?

→ 사토 씨에게 압력을 넣고 있다.

회계사 : 사토

정말 죄송합니다. 그럴 수 있으면 좋을 텐데요. 계약 가격에는 포함되어 있지 않습니다.

→ 덤을 승인하지 않는 이유를 처음부터 확실히 설명하면서 못 박고 있다. 얼굴은 '부드럽게 하면서.

아, 이런……. 그런데요,
정보 시스템 부문의 사원이
저희 회계 시스템에 관해서 귀사에
간단히 의견을 묻고 싶다고 합니다.
가까운 시일 안에 저희 데이터
센터를 방문해달라고, 귀사의
전문가에게 부탁드려도 될까요?

고맙습니다. 사실 저희 회사에는
저렴하고 질 좋은 시스템 평가
프로그램이 있습니다.
이 프로그램이라면 며칠 안에
업계 기준과 비교 대조하는 것이
가능합니다.

→ 덤 요구를 수용하지 않고, 즉시 가격에 관
한 서비스를 소개하고 있다.

놀랍습니다. 그것도 요금이
있습니까? 뭔가 덤이 없나요?

→ 무심코 진심을 드러내고 말았다.

죄송합니다. 그러면 좋을 텐데요.
하지만 제겐 그럴 권한이 없습니다.
상급 부사장이 아니면
할 수 없습니다.

→ 조직적으로 덤 방지책을 세워두고 있다.

이런……. 하급관리직 연수를
위한 회계 강사를 찾고 있습니다만,
좋은 분을 소개해주시겠습니까?
이거야말로 귀사가 따낸 계약에
비하면 하찮은 일이잖습니까?

단골 고객에게 특별 가격으로
제공할 수 있는, 우수한
연수 프로그램이 있습니다.
아마 관심을 가지실 겁니다.

정말이지 철두철미하군요.
그럼 내일 최종 계약서를
가지고 와주십시오.

→ 이만큼 착실한 회계사가 일을 해준다면
아라카와 씨의 회사도 편할 것이다.

알겠습니다.

새로운 생각이
침투하려면 시간이 걸린다

집을 이사한 사람이 퇴근할 때, '맞아, 이사했지' 하고 의식하지 않게 되기까지는 최소한 3주일이 걸린다고 한다. 상황 변화를 의식 수준에서 인식, 이해하더라도 그것이 잠재의식에까지 침투하려면 시간이 필요한 법이다. 버블 붕괴로 부동산 가격이 폭락했다. 부동산 소유자들은 폭락 사실을 이해는 하면서도 얼른 받아들이기 어려웠을 것이다. 상황의 변화를 수용하려면 시간이 걸리는 법이다.

협상에서도 마찬가지다. 새로운 아이디어나 협상 환경의 변화를 수용하는 데엔 시간이 필요하다. 즉 인큐베이션 피어리어드(Incubation Period, 잠복기)가 있는 것이다.

설득에는 일관성과 인내력이 필수적

따라서 아무리 논의가 올바르다고 해도, 상대가 그것을 즉석에서 이해하고 수용해주기를 기대하는 것은 비현실적이다. 그러려면 어느 정도의 시간과 상대방에 대한 일관성 있는 작용이 필요하다. GE의 잭 웰치 회장은 "The only to change people's minds is with consistency(사람의 마음을 바꾸는 단 하나의 방법은 일관성을 가지고 하는 것이다)"라는 유명한 말을 한 적이 있다. 남을 설득할 때 일관성의 필요성을 단적으로 드러내주는 말이다. 또한 인간의 사고방식을 바꾸는 법칙 가운데 '반복의 법칙'이 있다. 어떤 일을 반복하면 그것이 진실이라고 생각하게 된다는 것이다.

설득에는 일관성과 반복이 필요하다. 그러려면 어느 정도의 시간과 인내력이 필요하다는 것은 쉽게 상상할 수 있을 것이다.

잠복 시간을 협상 스케줄에 끼워넣는다

상대가 이쪽의 논의를 이해해서 수용하는 데 시간이 걸린다고 하면, 그 이해와 수용에 걸리는 시간을 미리 협상 스케줄에 반영해야 한다. 며칠 걸리는가를 판단하기는 무척 어려운 일이다. 그러나 어느 정도의 기간을 예상하는 것은 가능하다. 역으로 이 기간을 무시하는 것은 비현실적이다. 상대에게 커다란 변화라면 어느 정도 시간이 걸릴 수밖에 없다.

이해를 심화시키기 위한 시간을 가진다

새로운 생각이 침투하는 데 필요한 시간을 인지해두는 것은 자신에게도 마찬가지다. 이는 충분히 상황을 파악한 다음에 결단하는 것으로 이어지기 때문에 즉석 결정에 의한 판단 오류를 피하는 데 유익하다. 오래 생각하면 할수록 더 잘 생각할 수 있는 것이다.

예산이 이것밖에 없어요

Negotiation Theory

Session 11

Keypoint→

상대를 치켜세우면서 예산 한계를 들고 나와 타협을 요구

협상을 하다 보면 강압적이지도 않으면서 교묘하게 거절하지 못하게 하는 상대를 만나게 된다. 그들은 이런 식으로 말한다.

"당신 회사의 제품과 서비스가 아주 마음에 듭니다. 꼭 사고 싶습니다. 하지만 아쉽게도 예산이 부족해서요. 실은 예산이 이것밖에 안 됩니다. 이 돈으로 안 될까요?"

'예산의 한계를 내세운 타협 요구 전술'이란 일반적으로는 구매자가 앞의 예처럼 판매자를 칭찬하면서 예산 한계를 이유로 도움(가격 할인)을 요구해오는 것이다. 주말 벼룩시장에서의 거래에서부터 대기업 사이의 거래까지 두루 볼 수 있는 매우 흔한 전술이다.

상대의 자부심과 친절함을 자극하는 심리 전술

'예산은 이것뿐' 전술이 상대로부터 양보를 끌어내는 데에 효과적인 이유는 무엇일까? 그것은 이 전술이 상대의 자부심과 친절함을 자극하기 때문이다.

구매자는 "판매자의 제품이나 서비스에 매우 매력을 느끼고 있다"는 것을 표명한다. 판매자는 당연히 기분이 좋아진다. 그다음에 구매자는 "아쉽게도 예산이 부족하다"고 고백할 것이다. 사고 싶은 마음은 있어도 예산이 부족해 곤란을 겪는 구매자에게 판매자는 적대심을 가질 리가 없다.

그리고 구매자는 "어떻게 도와줄 수 없는지" 하는 저자세로 판매자의 자비를 요구해온다. 판매자는 구매자를 동정해버린다. 나쁜 것은 불충분한 예산이며, 충분히 예산을 할당하지 않은 그 누구일 뿐이다. 구매자의 잘못이 아니다. 판매자는 뭔가 해주자는 기분에 빠진다.

안이한 양보를 하지 않고 냉정하게 대응

구매자가 예산에 한계가 있다고 말할 때, 그것은 사실일 수도 있고 아닐 수도 있다. 이는 상대가 거짓말을 하고 있는가 아닌가의 문제라고만 할 수는 없다.

이를테면 당사자인 협상자는 예산이 부족하다고 믿고 있지만 실제로는 추가 예산이 가능한 경우가 있을 것이다. 이때 그는 거짓말을 하고 있지는 않지만, 현재의 예산 이상은 불가능하다는 말은 사실이 아닌 셈이다.

따라서 상대의 말이 거짓인가 아닌가에 관계없이 예산의 한계를 테스트해볼 필요가 있다. 테스트 결과 실제로 예산이 없다고 해도 상대를 동정하여 즉석에서 양보하는 것은 금물이다. 우선 예산 범위 내에서 수용할 수 있는 합의안을 모색해야 한다.

예산 한계를 내세운 타협 요구 전술 – 실패 사례

화이트 씨는 종이제품(紙製品) 제조회사에서 자본투자를 총괄하는 부사장이다.
그는 대형 공업용 건조기를 구입하는 협상을 진행하고 있다.
협상 상대는 공업용 건조기계 제작회사의 판매 담당자인 다무라 씨다.

공업용 건조기계 제작회사 : 다무라 | **종이제품 제조회사 : 화이트**

지난주는 고마웠습니다.
훌륭한 프레젠테이션이었습니다.
모두가 귀사의 제품을 마음에 들어
했습니다. 저는 이 투자를
진행해야겠다고 느끼고 있습니다.

그렇습니까. 고맙습니다.
저희는 업계의 리더라고 자부하고
있습니다. 고객님의 엄격한
평가의 눈이 있기 때문에
저희도 노력하고 있습니다.

귀사의 건조기와 타사의 건조기를
비교해보았는데, 귀사의 제품이
가장 높은 코스트 퍼포먼스를
제공하고 있고, 환경에 대한 영향도
가장 작은 것 같습니다.

그렇게 말씀해주시니 기쁩니다.
저희의 기술력은 업계에서 가장
탁월하다고 자부합니다. 그것이
저희 회사의 강점 중 하나입니다.

귀사의 제품이 매우
마음에 듭니다. 이 투자를 진행하고
싶습니다. 그런데 하나 문제가
있습니다. 저희에겐 예산의 제약이
있습니다. 솔직히 말해서, 귀사가
제시한 가격의 85퍼센트 예산밖에
없습니다. 어떻게 안 되겠습니까?
귀사의 제품에 투자할 수 있도록
저희를 도와주시면 안 되겠습니까?

잘 알겠습니다. 저희 제품을
필요로 하는 고객님에겐 언제나
힘이 되어드리고 싶습니다.
하지만…… 15퍼센트는 꽤 큰
액수입니다. 그렇게 많은 할인이
가능할지 어떨지…….

귀사의 제품이 최고라고
확신합니다만, 정말 이 이상은
예산이 없습니다. 예산의 제약이
너무 큽니다. 모쪼록 구입할 수 있게
해주시면 안 되겠습니까.

개인적으로는 힘이
되어드리고 싶지만,
15퍼센트는 어렵습니다.

그럼, 최대 얼마까지
해주실 수 있습니까?

음, 5퍼센트까지……
그것이 최대한입니다.

그럼 좀 더 많은 양을
구입하겠습니다.
주문을 한 것이나 마찬가지입니다.
이제 당신 차례입니다.

음, 10퍼센트 할인이 최대한입니다.
그 이상은 무리입니다. 더 깎으면
저희도 이윤이 나질 않습니다.

그렇습니까. 제시 가격의 10퍼센
트 할인이라면 좋습니다. 내주에
계약을 체결할 수 있을까요?

어? 하지만…… 예산이
없다고 하지 않았습니까?

어디가
잘못됐던 것일까?

다무라 씨, 처음엔 칭찬을 받아서 기분이 좋았다. 그러나 최종적으로는 곤란해지고 말았다. '예산은 이것뿐' 전술에 대한 대응에서 무엇이 패인이었을까?

✖ 상대가 칭찬하는 말에 지나치게 도취한 것

상대방의 칭찬에 대해 감사를 표하는 것은 당연하다. 그러나 칭찬받아서 어쩔 줄 모를 정도라면 곤란하다. 냉정하게 대응해야 한다.

▶ 상대의 '좋구나'에 손쉽게 속지 않는다

생산적인 협상에서 감정적인 반응을 억제하는 자세가 필요하다고 여러 차례 강조했다. 상대의 고압적이고 감정적인 발언에 본능적으로 반응하지 않는 자세가 요구된다고도 설명했다. 더욱이 인간의 자연스러운 감정을 억제하는 것이므로 이것은 결코 쉬운 일이 아니라는 것도 확인해왔다. 사실 적대적인 발언만이 아니라 칭찬하는 말에 대해서도 같은 자세를 취해야 한다. 상대의 인사말이나 미사여구에 필요 이상으로 흥분하지 않도록 명심하자. 이것도 유능한 협상가에게 요구되는 정신적 규율의 하나다. 어쩌면 고압적인 발언보다도 대처가 어려울지도 모른다.

✖ 지나치게 관대해진 것

칭찬을 받아 기분이 우쭐해진 다무라 씨, 아무래도 경계가 허술해지고 말았다. '저희를 도와주실 수 없습니까?'라는 탄원에 대해서 필요 이상으로 관대해졌다.

▶ 안이한 동정심이나 친절함에 휩쓸리지 않는다

남이 도움을 요청할 때, 손을 내밀고 싶은 것이 인지상정이다. 그 대상이 자사의 제품이나 서비스라면 더더욱 그러하다. 그러나 여기에서 안이한 동정심이나 친절함에 휩쓸리지 않는 자세가 중요하다. '동정하지 말라'거나 '친절하게 대하지 말라'는 것이 아니다. 정신을 차리고 상황을 분석하는 자세를 가지라는 말이다. 확실히 예산 액수를 결정한 것은 협상자 본인이 아닐지도 모른다. 그렇다고 해도 결정한 것은 최종적으로는 상대방의 누군가이다. 아무 상관없는 제3자가 아니다. 그들이 같은 팀이라는 것을 잊어선 안 된다.

✖ 예산 한도를 테스트하지 않은 것

다무라 씨는 또한 협상술에서의 초보적인 실수를 저질렀다. "예산 한계가 있다"는 상대의 주장이 진짜인지 아닌지 테스트하지 않은 것이다. 이것은 신용할 것인가 말 것인가의 문제는 아니다. 극히 일반적인 절차로 생각해야 한다. "Trust but verify", 즉 "신용하더라도 검증하라"는 모토는 외교 세계에서만 통하는 얘기가 아니다. 협상에서도 마찬가지다.

▶ 상대의 예산 한계는 반드시 테스트해본다

'예산은 이것뿐' 전술에 대한 첫 번째 대응은 상대의 예산 한계를 테스트하는 것이다. 그다음에 안이하게 가격을 깎지 않고, 우선 이쪽의 가격 타당성에 대해 시간을 들여 설명해야 한다. 가격을 낮추는 것은 쉽다. 그러나 그것은 가장 안이한 방식이다. 어떤 미국계 다국적기업은 "가격은 절대 낮추지 않는다"는 방침을 전 세계의 지사에 내리고 있다. 고객에 대한 '가치'로 승부하라는 말이다.

✖ 가격 측면의 협상에만 빠져든 것

화이트 씨의 바람은 부지불식간에 다무라 씨에게 커다란 압력으로 바뀌었다. 그 결과 논점이 가격 인하에 집중되었고, 생산적인 협상의 기본인 상호 만족도를 높이는 합의안의 모색에는 이르지 못했다.

▶예산 범위에서 최선의 합의안을 모색한다

고객 예산에 유연성이 없다면 예산 범위에서 가장 좋은 합의안을
모색하는 것이 최선의 방법일 것이다. '상호 만족도를 높이는 거래
나 합의안이 반드시 있을 것'이라는 생각에 기초하여 상대의 목적,
관심사와 우선순위를 명확히 파악하면서, 가격 이외의 항목으로 협
상 내용을 넓혀야 한다.

예산 한계를 내세운 타협 요구 전술 – 성공 사례

공업용 건조기계 제작회사 : 다무라

종이제품 제조회사 : 화이트

지난주는 고마웠습니다. 훌륭한 프레젠테이션이었습니다. 모두가 귀사의 제품을 마음에 들어했습니다. 저는 이 투자를 진행해야겠다고 느끼고 있습니다.

그렇습니까. 고맙습니다. 저희는 업계의 리더라고 자부하고 있습니다. 고객님의 엄격한 평가의 눈이 있기 때문에, 저희도 노력하고 있습니다.

귀사의 건조기와 타사의 건조기를 비교해보았는데, 귀사의 제품이 가장 높은 코스트 퍼포먼스를 제공하고 있고, 환경에 대한 영향도 가장 적은 것 같습니다.

그렇게 말씀해주시니 기쁩니다. 저희의 기술력은 업계에서 가장 탁월하다고 자부합니다. 그것이 저희 회사의 강점 중 하나입니다.

귀사의 제품이 매우 마음에 듭니다. 이 투자를 진행하고 싶습니다. 그런데 문제가 하나 있습니다. 저희에겐 예산의 제약이 있습니다. 솔직히 말해서, 귀사가 제시한 가격의 85퍼센트 예산밖에 없습니다. 어떻게 안 되겠습니까? 귀사의 제품에 투자할 수 있도록 저희를 도와주시면 안 되겠습니까?

잘 알겠습니다. 그건 당연한
얘기입니다. 예산 제약을 전혀
받지 않는 고객을 만나는 것이
오히려 어렵습니다.
물론 저희도 그렇습니다.

→ 상대가 칭찬하는 말에 휘둘리지 않고, 냉
정하게 상대를 평가하고 있다.

그렇게 냉정하게 말씀하지
마십시오. 어떻게 해주실 수
없습니까? 귀사의 제품이 최고라고
확신합니다만, 정말 이 이상은
예산이 없습니다. 예산의 제약이
너무 큽니다. 모쪼록 구입할 수 있게
해주시면 안 되겠습니까.

→ 극히 칭찬하는 발언. 이러한 도발에는 직
접적으로 대응하지 않는 것이 상책이다.

아시다시피 긴 안목으로 보면
저희 제품은 최고의 가치를 제공하고
있습니다. 이 점에서 많은 고객들이
저희의 주장에 동의해주고 있습니다.
또한 말씀드린 가격은 더 이상 낮출
수 없는 최소한의 가격입니다.
15퍼센트는 불가능합니다. 하지만
귀사의 예산 제약이 매우 심각하다는
것도 잘 알겠습니다. 어떻습니까,
이 예산 제한을 극복할 대안을 함께
생각해볼까요? 서로 만족할 만한
해결안이 있을 겁니다.

→ 상대의 바람에 휩쓸리지 않고 자사 제품
의 가치를 확인시키려는 노력을 하고 있다.
가격의 정당성을 주장하는 것은 중요하다.
→ 상대의 예산 한계에 대한 이해를 표명한
다음, 상호 만족도를 추구하자고 제안하고 있
다. 이 말에 정면으로 반대하기는 어려울 것
이다.

그렇군요, 알겠습니다. 해봅시다.

계산된 리스크로서의
데드락 전술

협상 과정에서 데드락(deadlock, 교착 상태)만큼 싫은 것은 없다. 좌절, 초조, 불안, 자신감 상실, 분노 등 데드락, 즉 막다른 궁지에 몰려 암초를 만난 것과 같은 협상은 모든 좌절의 원천이다. 대부분의 경우 협상 결렬의 일보 직전이라고도 할 수 있는 데드락은 협상가에 대한 평가의 하락으로 이어진다. 그뿐만 아니라 데드락이 전체 일정에 지장을 초래하는 경우 조직적인 문제가 될 수도 있다.

데드락을 냉정하게 분석

협상의 상황이 워낙 나쁜 까닭에 불가피하게 일어나는 데드락도 있다. 생산적인 협상을 꾀함으로써 불필요한 데드락을 미연에 방지하는 노력은 필수적이다. 그렇다 해도 데드락은 종종 일어난다. 그러나 한편으로 협상이 막다른 골목에 몰린 후에 관심이 있는 부분에서 쌍방이 다가서는 경우도 있다.

협상술을 습득하는 과정에서 이 데드락의 상태를 냉정하게 분석하여 하나의 전술로 파악해두는 것도 필요할 것이다.

데드락의 효과는?

데드락이 가져다주는 효과는 무엇일까? 우선 쌍방 입장의 유연성을 측정하는 혹독한 테스트가 된다. 쌍방은 협상 결렬의 위기에 처한 가운데 조직적으로 양보해야 하는가를 두고 중대한 의사 결정을 내려야 한다.

즉 쌍방 모두 자신의 배트나(협상이 결렬됐을 때의 차선책)를 다시금 파악한 다음, 향후의 대응을 택하도록 압박받는다. 덧붙여 데드락은 쌍방의 조직에 "우리의 기대치는 현실적이지 않다", "재검토할 필요가 있는 것은 아닐까" 하는 강한 메시지를 발신하는 효과도 있다. 그 결과 쌍방의 목표치가 하향 조정될 가능성이 있다.

데드락 전술도 있을 수 있다

데드락을 '상대의 입장 결의 정도를 테스트하는 수단'으로 파악하면 전술로서 그것을 이용하는 것도 가능하다. 데드락 전술의 리스크를 감당하는 협상가와 조직은 상대를 압박하여 제안의 하향 조정을 강요하기 때문에 더 큰 협상력을 가지게 된다. 다만 잊지 말아야 할 것은 데드락 전술은 리스크가 크다는 점이다. 즉 협상 결렬의 리스크다. 데드락 전술이 선택지로서 가능한가는 상대의 양보 가능성

및 그 내용과 결렬 시의 차선책과의 비교 판단에 달려 있다. 결코 쉽게 이용할 전술은 아니므로 명심하자.

이걸 어쩌나, 벌써 발표해버렸는데

▶ 기정사실을 이용한 양보 요구 전술

Negotiation Theory
Session 12

기정사실을 방패로 삼아 선택의 여지를 주지 않는 전술

'기정사실을 이용한 양보 요구 전술'이란 "어떤 것을 공표해버렸다" 또는 "어떤 것을 이미 결정해버렸기 때문에 당신이 이렇게 해줬으면 한다"는 요구를 제시하는 전술이다. 즉 일이 진행된 결과, 달리 선택지가 없기 때문에 '이렇게 해줬으면 한다', '이렇게 할 수밖에 없다'는 식으로 상대를 코너로 몰아넣는, 반은 협박적인 압력 전술이다.

이를테면 영업부문이 제조부문에 "소비자에게 이미 전달해버렸기 때문에 몇 월 며칠까지 납품해야 한다"고 요구하는 식이다. 기획부문이 영업부문에 "이미 사장의 승인이 떨어졌기 때문에 비용 삭감을 수용하기 바란다"는 요청을 하는 등 매우 폭넓게 활용되는 전술이다.

후퇴할 수 없는 상황을 만들어 협조노선을 강요하는 압력 전술

이 전술이 효과적일 수 있는 얼개는 간단하다. 우선 상대가 후퇴할 수 없는 상황을 만들어낸다. 그리고 다른 선택지가 없다는 이유로 협조노선을 강요한다. 이 전술은 반드시 고압적인 분위기에서 이뤄지는 것은 아니다. 매우 정중하게, 그리고 천천히 이뤄지는 경우도 많다. 그러나 기본 구조는 동일하다. 기정사실을 방패로 선택지가 없다며 압력을 가하는 것이다.

이 전술은 "일을 시끄럽게 만드는 트러블 메이커가 되고 싶지 않다"는 심리를 교묘하게 이용한다. 즉 정면에서 반론을 하면, 기정사실을 번복하지 않을 수 없다. 만약 그렇게 한다면 안정된 상황을 뒤엎어서 풍파를 일으키고 일이 복잡해질 것이다. 어느 누구도 트러블 메이커가 되고 싶어하지 않는다. 따라서 이 전술은 인간 심리를 교묘하게 이용한 교란, 체념 강요 전술이다.

정면충돌을 피하면서 대안을 모색한다

'벌써 공표해버렸다' 전술에 대처하는 기본 자세는 냉정하게 대응하면서 체념하지 않는 것이다. 다만 정면충돌을 권장할 수는 없다. 정면에서 충돌하면 상대는 점점 자신의 입장을 고집함과 동시에 그것을 정당화할 것이다. 그리고 여러분은 일을 시끄럽게 만드는 트러블 메이커란 꼬리표를 달게 될 위험이 있다. 꾹 참으면서 상대에 대해 이해를 표함과 동시에 상대의 체면을 지켜줄 수 있는 대안을 모색하는 사람이 현명한 협상가다.

기정사실을 이용한 양보 요구 전술 – 실패 사례

오쿠무라 씨는 거대 복합기업(conglomerate)의 사업 담당 부사장이다.
그녀는 지금 회사의 전반적인 비용 삭감을 지휘하고 있는 재무 담당 중역인
다나카 씨와 회의 중이다.

사업부 담당 : 오쿠무라

재무 담당 : 다나카

오쿠무라 씨, 회사 사업 전체를
재검토하기 위해서 필라델피아
컨설턴트 그룹(PCG)에 용역을
준 것은 알고 있겠지. 6개월간의
조사를 마치고, 이사회에
최종 제언서를 제출했네.

알고 있네. PCG는 우리 사업부에
도 찾아왔으니까. 몇 시간 동안이나
스태프와 대화를 나누었지.
그런데 그들은 어떤 제언을 했나?

내년도에 일률적으로 20퍼센트
경비 삭감을 해야 한다고 제언했어.
그런데 이사회는 승인을 했지.
사장과 회장도 대찬성이었어.

뭐라고? 일률적으로 20퍼센트?
어째서 막지 않았나!

이보게, 이쪽 사정도 좀 봐줘.
나는 재무 담당 중역에 불과해.
이사회를 적으로 만들면서 나 혼자
싸울 수는 없잖아. 이해하지?
그리고 참고로 하는 말이지만,
자네가 이 20퍼센트 삭감에 기꺼이
찬성했다는 얘기를 다른 사업부
부사장들에게 들었어.

뭐라고?
잘도 그런 말을 하는군!
지독하고 비열하고!
구역질이 나는군!

별 소용이 없었어. 나도
결국 선택을 강요받은 것뿐이야.
다른 사람들도 모두 납득하도록
자네도 삭감안을 수용하는
수밖에 없어. 하긴 결국 모두
납득했지만.

절대 수용할 수 없어.

시끄럽게 해봐야 소용없어.
회장과 이사회에도 자네가 삭감안을
수용했다고 말해버렸으니까.
모두 만족했어.

잠깐 농담이겠지!
어째서 그런 당치않은 소리를!

이 문제를 해결하는 데 아주
간단한 방법이 하나 있지.

어떻게 하면 되지?

삭감안에 '예스'라고 쓰면 돼.
회장이나 이사회의 기분을 망치고
싶진 않겠지? 다른 대안은 없어.

(한숨을 쉬면서) 싫다…….
하지만 어쩔 수가 없군.

어디가
잘못됐던 것일까?

오쿠무라 씨, 지독한 일을 겪고 있다. 다나카 씨의 비열한 기정사실을 이용한 전략. 이 대화에서 오쿠무라 씨의 개선점은 어디에서 찾아볼 수 있을까?

✖ 기정사실의 중요함에 압도당해버린 것

오쿠무라 씨는 대화 처음 단계에서 안 좋은 정보들을 들었다. 20퍼센트의 경비 삭감, 게다가 그녀도 기꺼이 찬성했다고 다른 사업부 부사장들이 말했다는 것, 또 회장과 이사회 멤버들도 삭감안을 수용했다는 것. 이것은 충격의 연속이었을 것이다. 냉정을 잃게 할 만한 정보다.

▶ 냉정함을 지키면서 체념하지 않는다

'벌써 공표해버렸다' 전술의 결과 정말로 압박받고 있다고 느껴진 다면 상대의 요구를 그대로 수용해선 안 된다. 상대가 아무리 일방 적으로 압박해도 이쪽이 합의하지 않는 한 협상은 끝난 것이 아니 다. 감정적으로 대응할 필요는 없다. 정중하게 요구를 수용할 수 없 다는 뜻을 전달하자. 그러려면 냉정함이 중요하다. 우선은 기정사 실의 중요함에 압도당하지 않도록 정신을 바짝 차리자. 유능한 협 상가는 이러한 극한상황에서도 냉정함을 유지해야만 한다.

✖ 상대를 정면으로 비판해버린 것

사안의 중대성에 압도당한 결과, 오쿠무라 씨는 감정적으로 반응 하고 말았다. 무리도 아닐 것이다. 그러나 상대를 정면에서 비난해 버림으로써 다나카 씨는 "달리 방법이 없었다"고 자신의 행동을 정당화하는 데 전념하지 않을 수 없었다. 현상 타파의 길은 닫혀버 린 셈이다.

▶ 정면충돌은 피해야 한다

'벌써 공표해버렸다' 전술로 공격받고 있으면, 아무래도 철회 불가 능한 기정사실을 만들어버린 상대를 비난하고 싶은 충동에 휩싸 이게 된다. 현명한 협상가라면 상대와의 정면충돌을 피해야 한다. 법정이나 논쟁 시합에서는 제3자의 입장에서 재판관이나 심판이 최종적인 판단을 내려준다. 그러나 협상은 다르다. 양쪽 모두 의사

결정권을 가지고 있다. 그 의사결정자를 비난하는 것은 상책이 아니다. 다만 자기가 얼마나 압박받고 있는가 하는 정직한 감정을 전달하는 것은 좋다. 상대를 비난하지 않고 이쪽의 의사를 전달하는 것이 가능하기 때문이다.

✖ 대안을 모색하지 않은 것

기정사실에 압도당한 오쿠무라 씨는 다나카 씨를 정면에서 비난함으로써 현상 타파를 어렵게 만들어버렸다. 또한 냉정함을 잃어버렸기 때문에 "다른 대안이 없다"는 상대의 위협적인 말을 받아들이고 말았다. 대안을 모색하지 않은 것은 달리 방도가 없었기 때문일지도 모른다.

▶상대에 대한 이해를 표한다

기정사실로 만든 상대방의 행동에 이해를 표하는 노력을 해야 한다. '상대에 대한 비난을 참는 것도 어려운데, 이해를 표하는 것은 너무 무리다'고 생각할지도 모르겠다. 그러나 이것은 어디까지나 이해를 표하는 것일 뿐, 용인하는 것은 아니다. 이해와 용인은 다르다. 상대의 행동에 이해를 표함으로써 상대는 이쪽의 대안을 받아들이게 된다.

▶상대의 체면을 지키는 대안을 모색한다

대안을 모색할 때는 그 대안이 상대의 체면을 지켜주는 것이 되도

록 해야 한다. 그렇지 않으면 상대는 대안의 수용을 거부할 것이
다. 상대 역시 압박받고 싶지 않은 것이다. 최종 목적은 현상 타파
다. 그리고 더 나은 합의안의 모색이다. 상대를 비난하는 일은 피
해야 한다. 역으로 현상 타파를 위해 상대의 협력을 얻는 것이 상
책이다.

　백보 양보해서 만약 상대를 비난한 경우에는 사태의 타개를 꾀한
후에 느긋하게 비난하자. 현상 타파가 가장 우선순위다. 그러려면
상대의 협력이 필요한 경우가 대부분이다.

기정사실을 이용한 양보 요구 전술 – 성공 사례

사업부 담당 : 오쿠무라 | **재무 담당 : 다나카**

필라델피아 컨설턴트 그룹 측에서 어떤 제언을 했나?

내년에 일률적으로 20퍼센트 경비 삭감을 해야 한다고 제안했어. 그런데 이사회는 승인을 했지. 사장과 회장도 대찬성이었어.

→ 일률적 삭감이라는 발상은 그리 현명하다고 할 수 없는 경우가 대부분이다. 변화와 리듬을 주는 것으로부터 회피하는 경우가 많다.

정말? 일률적 삭감은 참 안이한 해결책이지 않나! 당신은 반대했겠군. 이사회를 상대로 싸우는 것은 힘든 일이겠지?

→ 기정사실에 압도당하지 않고 상대를 비난하는 대신 이해를 표하고 있다. 이처럼 상대를 정면에서 비판하지 않고 감정을 공유함으로써 상대가 마음을 열도록 한다.

뭐, 하지만 나도 재무 담당 중역에 지나지 않아. 나 혼자는 이사회에서 당해낼 수 없어. 하지만 이제 와서 이렇게 말해봐야 아무 소용이 없지. 실행해야만 하니까.

그렇군. 당신도 큰일이네.

그런데 자네도 20퍼센트 삭감에 기꺼이 찬성했다고 다른 사업부의 부사장들이 말하던데.

그런 말을 하다니……. 어쩔 도리가 없겠군. 다른 부사장들의 반응은 어때?

→ 여기에서도 참고 있다. 냉정하게 정보수집을 하고 있다.

자네도 받아들였다면 별수 없다고,
그들도 마지못해 받아들이고 있어.
그래서…… 회장도 이사회의 멤버도
자네가 삭감안을 받아들였다고
생각하고 있어.

거참 난처하군. 왜냐하면 이번
20퍼센트 삭감은 절대로 받아들일
수가 없기 때문이야. 현재 진행하고
있는 리브라 프로젝트는 적어도
몇 달간 자금 공급이 필요하거든.
내년의 20퍼센트 삭감은 절대로
받아들일 수 없어.

→ 상대를 직접 비난하는 대신 자기의 감정
을 솔직하게 전달하고 있다. 이번에는 다나카
씨가 딜레마에 빠지게 되었다.

달리 선택지가 없는 게 아닐까?
자네는 회장이나 이사회의 기분을
망치고 싶지는 않겠지?

그야 그렇지. 그래서 당신의
도움이 필요해. 중요하지 않은
프로젝트를 폐기하면 올해 10퍼센트
삭감은 가능해. 내년 리브라
프로젝트가 가동되기 시작하면,
30퍼센트 삭감할 수 있지. 그러면
연평균 20퍼센트 삭감이 되는
셈이지. 당신과 나 사이에 조금
오해가 있었는데, 내가 받아들이는
것은 1년간 20퍼센트의 삭감이
아니라 2년간에 걸치는 것이라고
회장님에게 말해볼래? 내가
회장님에게 이 계획을 설명할게.
그러니 도와주었으면 해.

→ 현상 타파를 모색하는 가운데 상대의 체
면을 지켜주면서 협력을 요구하고 있다. 그
바탕 위에서 대안을 제안한다.

음, 알았어. 적어도 그 정도라면
자네에게 빚이 있으니까.

상대에게 명확하게 주장을 전달하기 위해서 필요한 것은?

협상에서 상대의 이해를 도우려면 이쪽의 주장을 명쾌하게 하는 것이 중요하다. 주장을 명쾌하게 하기 위한 3가지 원칙이 있다. ❶ 주어와 서술어를 명확하게 한다. ❷ 말과 말을 연결할 때는 논리적인 접속사를 사용함으로써 메시지를 명확하게 관련시킨다. ❸ 추상적인 개념을 피하면서 구체적으로 표현하도록 노력한다.

명확한 표현을 쓰려는 노력은 언어의 사용을 넘어선 과제다. 즉 일본어나 영어와 같은 언어의 문제가 아니라 '언어 자체를 다루는 사람의 문제'라는 인식이 중요하다.

❶ 주어와 서술어를 명확히 한다

주어와 서술어를 명확히 하는 것의 중요성은 아무리 강조해도 지나치지 않다. 특히 일본어는 주어를 생략할 수 있기 때문에 뜻하지 않은 오해를 부르는 원인이 된다. 그래서 주의가 필요하다. 사실 영어에서도 주어를 명확히 할 필요가 있다. 영어의 경우엔 주어를 생략하면 문장이 안 되기 때문에 문제가 없다고 생각하기 쉽다. 그러나 문제는 주어의 명확성이다. We, You 등의 주어는 있어도 구체적으로 그것이 누구인지 명확하지 않은 경우가 종종 있다. 단지 주어가 있다고 해서 되는 문제는 아니다.

❷ 논리적 접속사를 사용하여 주장을 명확하게 관련 짓는다

주장을 명쾌하게 하기 위한 두 번째 포인트는 메시지와 메시지, 즉 말과 말을 연결할 때에 그 관계를 확실히 하는 것이다. 특히 일본어에는 의미가 확실하지 않은 접속어가 많다. 예를 들면 '–인데', '–하고' 등이 있다. 영어에서는 and나 but을 예사로 사용하는 것을 들 수 있다. 특히 대화에서 주의해야 한다. 모든 문장을 and나 but으로 잇는 사람이 종종 있다. 주의하기 바란다. 애매한 접속어를 논리접속어로 바꾸도록 노력할 필요가 있다. 이를테면 '– 한 결과, – 에도 불구하고, – 한 이래, – 에 덧붙여서' 등과 같은 것이다.

❸ 추상적인 개념을 피하면서 구체적으로 표현한다

주장을 명쾌하게 하기 위한 세 번째 포인트는 구체적인 표현을 사용하는 것이다. 추상도가 높은 개념을 남용하는 것은 바람직하지 않다. '재건축, 재검토, 합리화, 증강, 증대, 추진' 등과 같은 비즈니스 용어들을 종종 볼 수 있다. 이러한 표현은 쓰기에는 편한 반면,

구체적인 이미지를 떠올리기에는 어렵다. "당사는 영업 체제를 개선해야 한다"는 메시지에 반대하기는 어려울 것이다. 그러나 어떻게 해야 좋은가 하는 구체적인 이미지는 전혀 떠오르지 않는다. 이는 비즈니스 용어에만 국한되지 않는다. '아주 괴로웠다'는 표현과 '심장을 도려내는 것 같았다'는 표현은 전달 방식이 매우 다를 것이다. 구체적인 이미지를 떠올릴 수 있는 표현을 사용하면 더 효과적으로 전달할 수 있다.

명확한 표현은 사용 언어를 넘어선 문제

명확한 표현을 써야 하는 것은 다른 언어에서도 마찬가지다. 즉 언어를 다루는 사람의 문제인 것이다. "오랫동안 공부해왔지만 나는 아무래도 영어로 쓰는 것이 어렵다"는 사람이 있을 수 있다. 그때 자문해봐야 할 것은 "그럼 일본어라면 논리적으로 명쾌하고 확실한 주장을 담은 문장을 쓸 수 있을까?" 하는 것이다. 사실 이 질문에 대한 답은 '아니요'인 경우가 대부분이다. 협상 테이블에서만이 아니라 일상생활에서도 명확한 표현을 쓰는 습관을 가져야 한다.

급한데, 이걸로 빨리 부탁해!

▶ 전화를 이용한 기습 전술

Negotiation Theory

Session 13

전화를 건 사람 우위성을 이용한 협상 전술

거래처로부터 갑자기 주문 전화를 받는다. 급하게 해외 지점에서 출장 의뢰가 들어온다. 회의 중에 다른 부서로부터 급한 문의가 들어온다…….

'전화를 사용한 기습 전술'은 전화를 건 사람이 거의 일방적으로 떠들어대면서 요구를 들이대는 것이다. 요컨대 전화를 이용하여 협상 종결을 압박해오는 전술인 것이다.

전화라는 커뮤니케이션 수단은 본질적으로 건 사람 우위다. '전화를 사용한 기습 전술'은 이 우위성을 이용한 교란 전술이다.

상대의 준비 부족을 노린 기습 전술

'전화 건 사람의 우위성'에 대해서 생각해보자. 받는 사람의 입장에선 전화가 언제 걸려올지, 누구로부터 걸려올지 전혀 모른다. 그 내용도 모른다. 한편 건 사람은 언제 걸지, 누구에게 걸지를 스스로 결정할 수 있다. 무엇을 말할 것인가도 미리 결정할 수 있다. 요컨대 건 사람은 준비를 할 수 있다. 반대로 받는 사람은 준비도 안 된 상태에서 갑자기 협상에 임해야 한다. 결코 동등한 입장이 아니다.

준비가 완료될 때까지 협상하지 않는다

생산적인 협상에 필수적인 요소 중에 '항상 준비하라'는 것이 있다. 건 사람 우위의 속성을 지닌 전화를 이용한 협상에서는 구조적으로 '항상 준비하라'의 원칙이 깨질 수밖에 없다. 그래서 전화 협상에 대한 기본 자세는 거부하는 것이다. 단순하지만 준비할 수 없는 협상은 하지 않는 게 좋다.

그렇다고 해서 "전화 협상은 절대 하지 않습니다. 그럼 이만!" 하고 거절하라는 얘기가 아니다. 지금 응대할 수 없는 이유를 간단히 설명하는 것으로 충분하다. 또한 즉시 끊어버리는 것이 아니라 용건은 충분히 들어두어야 한다. 그리고 준비를 한 다음 이쪽에서 전화를 걸면 된다.

전화를 이용한 기습 전술 – 실패 사례

다키자와 씨는 공업용 윤활유를 취급하는 석유회사 판매 담당 기술자다.
그는 지금 보고서를 작성하느라 정신이 없다.
책상 위에는 각종 자료와 서류들이 어지럽게 널려 있다.
마침 그때 중요한 고객인 오오이시 씨로부터 전화가 걸려왔다.

공장장 : 오오이시	판매 담당 : 다키자와

여보세요, 여보세요, 여보세요, 여보세요?

아, 미안합니다.

합계가 얼마가 되나? 이만큼 주문하니까 5퍼센트는 깎아주겠지?

(마침내 서류 더미 속에서 메모지를 찾아낸다.) 저, 예……. (이번에는 계산기를 찾는다.)

아, 좋아, 계산해보니까 2,850만 엔이군. 다음 목요일까지 배달해주겠나? 아니 수요일 오후까지가 좋겠네. 가능한가?

(허둥거리면서) 저, 저…….

그런데 우리 트럭으로 배송을 하면 얼마나 싼가?

저, 그건요……. (요금표를 찾는다.)

5퍼센트, 10퍼센트?

아마도 5퍼센트일 거예요.

오케이. 금요일까지 픽업하겠네. 그럼 이만. (전화를 끊는다.)

금요일……? 픽업한다는 게 뭔 소리지?

어디가
잘못됐던 것일까?

불시에 받은 전화, 그것도 복잡한 내용의 주문이었다. 그 때문에 다키자와 씨는 상당히 혼란에 빠지고 말았다. 전화를 이용한 기습 전술에 대한 대응의 관점에서 볼 때, 어디가 잘못된 것일까?

✖ 상대가 일방적으로 떠들도록 내버려둔 것

오오이시 씨로부터 일방적으로 이야기를 들은 다키자와 씨는 그 내용을 따라갈 수 없었다. 보고서를 작성하느라 정신없는 상황에서 전화를 받았기 때문이다. 예상치 않은 상태에서 그것도 복잡한 내용의 말을 일방적으로 들었으니 당연히 따라갈 수가 없었다. 그는 전혀 준비를 하지 못했던 것이다.

▶전화는 협상에 적합하지 않다는 것을 인식한다

전화 협상 전술의 대응책을 생각할 때, 그 특징을 충분히 이해할 필요가 있다. 우선 전화는 건 사람 우위다. 또한 전화로는 단시간에 대화(협상)를 끝내야 한다는 압력이 작용한다. 30분의 통화는 긴 편에 속한다. 그럼 30분의 협상은 어떨까? 결코 길지 않다. 오히려 짧은 편이다. 또한 전화로는 빼먹거나 잘못 알아듣는 일이 자주 일어난다. 준비가 안 된 상태에다 단시간에 결론을 내야만 하는 압력이 있다는 점을 생각하면 지극히 당연한 결과다.

▶준비가 이뤄지지 않은 협상은 피한다

건 사람 우위의 전화 협상에 대한 기본 자세는 그것을 거부하는 것이다. 정중하게 지금 말할 수 없는 이유를 간단히 설명하고 전화를 끊은 다음 준비를 한 단계에서 협상에 임해야 한다. "지금 막 외출하려는 참이라서", "곧 회의가 있어서", "지금 고객을 만나는 중이어서" 등 길게 통화할 수 없는 이유를 댄다.

▶상대가 무엇을 요구하는가를 들은 다음에 전화를 끊는다

현명한 협상가는 준비를 하기 위해서 우선 상대가 무엇을 요구하는가를 충분히 듣고 이해한 다음에 전화를 끊는다. 억측으로 준비했다 해도 그 내용이 틀렸다면 전혀 준비가 안 된 것과 마찬가지다.

✖ 제3자에 의해 대화가 중단되었던 것

사례에서는 전화 통화를 하는 중간에 제3자가 끼어들었다. 이것이 더욱더 압력으로 작용해 다키자와 씨는 점점 더 허둥지둥하게 되었다.

▶ 조용한 장소에서 통화한다

어쩔 수 없이 전화로 협상해야 하는 경우엔 어떤 형태로든 자신을 주위로부터 격리시켜야 한다. 주위로부터 방해를 받지 않음으로써 주의가 분산되는 것을 막을 수 있기 때문이다. 회의실 등에서 통화하는 것도 효과적이다.

✖ 필기용구나 계산기 등의 소도구를 준비해두지 않았던 것

정리되지 않은 책상에서 일을 하고 있던 다키자와 씨는 필기용구나 계산기 등을 찾느라 헤맸다. 사소한 일이지만, 그것 역시 초조함과 허둥거림을 조장하는 부정적 요인이 되었다.

▶ 필요한 비품은 미리 정리해둔다

평소에 갑자기 전화 주문 등을 받게 되는 경우를 대비하여 필요한 비품은 미리 준비해두자. 통화를 하면서 눈으로는 이런저런 비품을 찾다 보면 주의가 분산된다. 필요한 서류 이외에 계산기, 펜, 메모장, 달력 등은 항상 준비해두어야 할 기본 비품이다.

✖ 압력 때문에 확인하는 것을 잊어버린 것

초조함과 허둥거림의 결과 협상이나 거래 상담의 기본인 합의안의 확인을 게을리 했다. 자신이 상대의 요구를 그대로 수용해버린 사실조차 깨닫지 못했다. 초보적인 실수다. 그러나 전화 협상에서는 흔히 일어나는 일이다.

▶ 피할 수 없는 경우엔 천천히 협상한 다음 다시 한 번 확인한다

우선 냉정함을 지키면서 압력에 굴하지 말아야 한다. 도무지 전화를 끊을 수 없어 협상을 하게 될 때는 안이한 합의나 너무 많은 양보를 하지 않도록 천천히 협상해야 한다. 덧붙여서 전화 협상이 종결될 때, 합의 사항을 반드시 팩스 등으로 확인해둔다. 그래야 잘못 알아듣거나 잘못 받아쓰는 실수를 줄일 수 있다.

전화를 이용한 기습 전술 – 성공 사례

공장장 : 오오이시	판매 담당 : 다키자와

다키자와: 예, 다키자와입니다.

오오이시: 아, 다키자와 씨? IMM의 오오이시입니다.

다키자와: 예, 안녕하십니까? 주문하실 게 있습니까?

오오이시: 고순도 윤활유 5통과 저순도 윤활유 30케이스가 아주 급한데. 재고 파악을 못했던 모양이야.

다키자와: 알겠습니다. 급하시네요. 대단히 죄송하지만 10분 뒤에 제가 다시 전화를 드리면 안 될까요?

→ 중요한 용건이라는 것을 인식하는 것은 상대를 만족시켜주기 때문에 협상 진전에 긍정적으로 작용한다.

→ 통화를 계속해야 하나 하는 생각이 일순 들었을 것이다. 그 충동을 억누르고, 다시 걸기로 결정했다.

오오이시: 지금 통화하기 곤란한 모양이지?

다키자와: 죄송합니다. 10분 내에 다시 전화드리겠습니다.

오오이시: 알았네. 그럼 10분 이내에.

다키자와: 고맙습니다.
(다키자와 씨는 보고서 쓰는 일을 멈추고, 오오이시 씨와의 거래에 필요한 자료를 모았다. 자료를 정리한 후 소회의실로 이동하여, 다른 사람이 방해하지 못하도록 보조원에게 부탁한다. IMM사 업무 내용을 다시 파악한 후에 오오이시 씨에게 전화를 건다.)

여보세요. 오오이시 씨입니까?
기다리게 해서 죄송합니다.
그런데 아주 급한 주문이네요.
고순도 윤활유 5통과 저순도
30케이스 급배송이군요.

그리고 중순도 40통과
초고순도 50상자. 알겠나?

(메모를 하면서) 알겠습니다.
중순도 40통과 초고순도
50상자…….

합쳐서 얼마나 되나? 이만큼
주문하면 5퍼센트는 깎아주겠지?

말씀대로입니다.
2,850만 엔입니다.

그렇지. 이쪽 계산과 딱 맞네. 그럼
다음 주 목요일까지 배송해주겠나?
아니, 수요일 오후까지가 낫겠네.
가능한가?

예, 가능합니다. 다음 주 수요일
오후까지 배송하겠습니다.

그런데 우리 회사 트럭으로
배송하면 얼마나 깎아주나?

그러면…… (가격표를 살펴본다.)
귀사의 트럭으로 운반하면
3퍼센트 할인입니다.

겨우 3퍼센트? 그럼 그만두지.

알겠습니다.
보통 배달……. 이게 전부입니까?

그래.

알겠습니다.
즉시 주문 내용을 팩스로
보내겠습니다. 감사합니다.
→ 합의안의 확인은 전화 협상의 철칙. 구두
로 하기보다 팩스나 이메일로 하는 것이 좋다.

나야말로. 그럼 이만.

상대의 전술을
간파하는 것이
자기 방어의 열쇠

모든 협상 전술은 감정적 발언이든 칭찬하는 말이든 기정사실이든 경쟁의 존재든 결국은 어떤 압력에 의해 상대의 심리를 교란시키는 전술이다. 그러므로 모든 협상 전술에 대응하는 기본은 심리적으로 교란되는 것을 거부하는 것이다. 요컨대 냉정함을 잃어서는 안 된다. 인간 심리가 교란되고 냉정함을 잃게 되는 것은 기본적으로 뇌에 들어오는 정보를 이해하지 못해 상황 파악이 안 되었기 때문이다. 여러분은 이 책을 통해 상대의 전술을 간파하는 기술을 습득했다. 바꿔 말하면 상황 판단 능력을 갖춘 셈이다. 따라서 냉정함을 지키는 능력도 크게 향상될 것이다.

최종 목표는 쌍방 만족도의 향상

상대의 전술에 교란되지 않고 냉정하게 대응하는 것과 동시에 중요한 것은 협상을 쌍방의 만족도를 높이는 과정으로 이끄는 것이다. 공격하면 공격받는다, 억누르면 억누름을 당한다는 '눈에는 눈 이에는 이' 전법은 피해야 한다. 협상은 토론이 아니다. 상대에게도 결정권이 있음을 잊어서는 안 된다.

상대를 공격하지 말라고 해서 상대의 얼토당토않은 전술을 용인하라는 얘기는 아니다. 무리한 요구는 단호히 거부하는 태도를 보여야 한다. 그다음 쌍방의 관심사나 이해를 토대로 합의안을 모색해가는 과정으로 협상을 전환해가는 노력이 필요하다. 그때 자신의 배트나(협상이 결렬되었을 때의 차선책)를 숙지한 다음, 양보하지 않는 것을 포함하여 협상을 진행해 나간다. 어쨌든 자신의 배트나 이하의 합의안은 아무런 의미가 없다.

전술은 간파당하면 끝장

대부분의 경우 상대는 자신이 어떤 협상 전술을 구사하고 있는지 의식하지 못한다. 대부분은 한번 성공한 방법을 반복적으로 사용한다. 만약 상대가 의식적으로 어떤 특정 전술을 사용하는 경우에는 그 전술을 지적함으로써 그 효력을 무산시킬 수 있다. 그 결과 상대는 그 전술을 포기하지 않을 수 없다. 가령 상대가 자신의 전술을 의식하지 않는 경우에도, 전술을 간파하고 그것을 지적하면 같은 효과를 낳을 것이다.

다만 지금까지 여러 차례 설명한 것처럼 전술의 타당성에 의문을 던질 때는 상대를 비난하는 것이 아니라, 압박을 당한 자신의 솔직한 감정을 표현하도록 배려해야 한다. 이것은 생산적 협상으로 흐름을 바꾸면서 상대의 입장을 경직화시키지 않는 데도 중요하다.

뒤돌아서서 후회하지 않는 협상의 심리학

- 이 장에서는 협상에 수반되는 심리적인 면에 초점을 맞춰 설명하겠다.

- 협상은 사람과 사람이 맺는 커뮤니케이션의 한 형태다. 물론 기본적인 테크닉을 습득하는 것은 매우 중요하다. 그러나 협상은 형식적인 테크닉으로만 설명할 수 없는 심리적인 측면도 많이 포함된다.

- 그러한 부분까지 이해할 때 원활하면서 생산적인 협상이 가능하다.

협상 잘하는 악녀들의
4가지 능력

유능한 협상가에겐 어떤 능력이 필요할까? 물론 협상의 기본적인 기술을 갖추고 있어야 한다. 덧붙여서 다른 사람과의 커뮤니케이션 능력도 중요하다. 그 밖에 문제 분석력, 이슈 추출력, 대안 구축력이 필요하다. 또한 대외 협상뿐만 아니라 자신이 소속된 조직 내에서의 협상력도 중요하다.

복잡한 일을 분해한 다음 요소 사이의 관계를 파악한다 | 분석력

문제 분석력은 복잡한 일들을 의미 있는 '덩어리'로 분해한 다음에 개개 요소의 관련성을 파악하는 능력을 말한다. 하지만 많은 비즈니스맨들이 이러한 '일들을 철저하게 나눠보는' 훈련이 부족한 것 같다.

다음으로 나뉜 요소가 상호 어떻게 연결되어 있는가를 생각한다.

여기에선 개개의 요소가 어떤 인과관계에 있는가, 종속관계인가, 독립적인 것인가 등을 판단하는 능력이 필요하다.

본질을 파악한다 | 이슈 추출력

또한 문제 전체를 구조적으로 파악한 후, 몇 가지 요인 중에서 어느 것이 문제의 본질인지를 밝히는 능력이 요구된다. 이것이 이슈(issue, 문제) 추출력이다. 즉 다양한 의문이 교차하는 가운데 반드시 해결해야 하는 진짜 과제를 뽑아내는 능력인 것이다.

상호 만족도를 높이는 해결책 | 대안의 입안 능력

문제의 본질이 명확해지면, 다음으로 해결책을 구체적으로 입안하는 능력이 요구된다. 복수의 대안을 입안하고, 그중에서 최상의 것을 선택해야 한다. '이것밖에 없다'는 단순한 생각은 현명한 협상가에게는 있을 수 없는 사고다.

나의 실패담을 하나 들려주겠다. 어떤 기업에서 강연했을 때의 이야기다. 오후 강연이었기 때문에 그전에 가볍게 식사를 하려고 사내 식당에 들어갔다. 그런데 식당에서는 사원 카드만 받고 현금이 전혀 사용되지 않았다. 자칭 베테랑 협상가이니 "그렇습니까?" 하고 물러설 수는 없는 노릇. "나는 강사다", "배고프다"고 부탁을 해도 현금을 취급하지 않는 시스템이라 종업원도 어쩔 도리가 없었다. 그때는 "사원으로 해달라"거나 "두 배 지불"과 같은 비현실적인 대안밖에 생각나지 않았고, 결국 점심을 굶은 채 강연을 해야 했다.

배가 고플 때는 좋은 아이디어가 나오지 않는 법이다.

강연이 시작된 후에 문득 한 가지 방법이 떠올랐다. 사원인 종업원에게 부탁하여 사원 카드로 식사를 사고, 내가 그에게 현금을 지불하는 대안이었다. 그러나 때는 이미 늦었다.

협상 상대는 가까운 데에도 있다 | 조직 내에서의 협상력

마지막으로 유능한 협상가는 자기가 속한 조직 내에서도 협상을 잘한다. 가장 곤란한 협상 상대는 회사 외부 사람이 아니라 실은 자기가 속한 조직의 사람인 경우가 의외로 많다. 대외적으로 협상할 수 있는 인재는 사내에서도 협상할 수 있는 인재가 되어야 한다.

상대의 관심사를
족집게처럼 집어내는 법

이 책에서는 협상을 '상호 만족도를 높이는 합의안에 도달하는 프로세스'라고 정의했다. 그리고 이러한 협상에서 가장 중요한 것은 '상대가 바라는 내용, 관심사를 명확히 하는 것'이라고 설명했다. 여기에선 협상 시의 제안에 대해 상대가 가질 수 있는 의문을 구체적으로 부각시키는 방법을 소개하겠다. SCQA(Situation, Complication, Question, Answer) 분석이 그것이다.

상대의 입장을 스토리로 파악하는 방법으로, 경영 컨설턴트가 고객의 의문을 명확히 하기 위해 자주 사용하는 것이다. 협상에서도 상대의 관심사에 초점을 맞추는 데 매우 효과적이다.

우선 상대를 명확히 한다

이를테면 당신이 어떤 거대 상사의 기획부문 담당자라고 하자. 당신은 새로운 사업부 평가 방법의 도입을 각 사업부장에게 승인받아야 하는 상황이다. SCQA 분석의 첫걸음은 협상 상대가 누군가를 확인하는 것이다(최종적인 의사결정자가 누구인가? 불특정다수인 경우 최대공약수는 무엇인가? 등). 예를 들면 '권한이 많고 독립성이 강한 A사업부의 Y부장' 등과 같다.

Situation – 협상 상대의 현재 상황과 장래의 이상을 상정한다

그다음으로 상대의 S(Situation, 상황)를 생각한다. 이것은 협상 상대의 지금까지의 안정된 상황 및 그 연장선으로 바람직한 결과나 이상을 명확히 하는 절차다. 예를 들면 "종래의 평가 방법에서 높게 평가받아왔고, 순조롭게 규모와 업적을 키워왔다"는 식이다.

Complication – 안정 상황을 뒤엎고 복잡하게 하는 것을 생각한다

다음 단계는 위의 S, 즉 안정된 상황이나 바람직한 결과를 뒤엎는 C(Complication, 복잡화)를 생각하는 것이다. 여기서 C는 "기획부문이 새로운 사업부 평가법의 도입을 추진하고 있다"는 것이 된다.

Question – 상대가 어떤 의문을 가질지 상정한다

S를 뒤엎는 C를 상정한 다음에는 상대가 가질 Q(Question, 의문)를 생각한다. 즉 안정된 상황이 무너진다는 시나리오에서 상대가 어떤 의문을 가질지를 생각하는 것이다. 지금 상정하고 있는 S와 C라면 "왜 지금 새로운 평가 방법을 도입하는가?"라는 필요성에 대한

Q가 있을 수 있다. 덧붙여서 "사업부장으로서의 권한이 낮아지지 않을까?", "인적 부담의 증가는 없을까?", "새로운 평가 방법이 적용될 경우 실제 평가는 어떻게 될까?" 등의 Q도 있을 것이다. 사실 이것들은 상대의 '의문'임과 동시에 중요한 관심사다.

Answer - 상대의 의문에 대한 '대답'을 생각한다

그러므로 새로운 사업부 평가 방법의 도입을 둘러싼 협상에서 당신은 사업부장의 의문에 대해 A(Answer, 대답)를 준비해두어야 한다. 그렇지 않으면 사업부장은 이 안건에 대해서 난색을 표할 것이다. "종래의 평가 방법보다 새로운 평가 방법이 더 낫다", "사업부장으로서의 권한 변화는 없다", "인적 부담의 증가는 최소한으로 끝낸다" 등 명확한 메시지와 그 논거를 준비해두어야 한다. 그런 토대 위에서 협상에 임해야 한다.

쌍방의 만족도를 높이기 위해서 최종적으로 다소의 수정이 필요할 수도 있다. 그러나 본질이 변하지 않는 범위 내에서 수정을 함으로써 도입에 동의하도록 하는 것이 수정 없이 무리하게 강요하는 것보다 효과적이다.

협상에서 상호 만족도를 높이고자 할 때는 상호 관심사에 주의를 기울일 필요가 있다. 여러분도 꼭 SCQA 분석을 활용해보기 바란다.

상대방의 체면,
기분 좋게 세워주는 법

동서양을 막론하고 협상에서 상대의 체면을 지켜주는 것은 철칙이다. 자존심에 상처 입는 것을 좋아할 사람은 아무도 없다.

보통 협상가에게는 2가지 측면이 있다. 하나는 조직을 대표한다는 측면이다. 이러한 면에서 협상가는 조직이 협상 결과에 대해 어떻게 평가하는가에 관심이 있다. 또 하나는 협상가 개인의 측면이다. 결과에 이르는 과정에서 협상가 개인이 타인으로부터 어떤 평가를 받는가 하는 것이다.

누구나 자신은 일관성이 있고 공정하고 합리적이라고 생각한다. 그것이 자존심으로 이어짐과 동시에 다른 사람들로부터 높은 평가를 받게 된다고 생각하기 때문이다. 이 체면이라는 측면을 무시해서는 좋은 협상 결과를 바랄 수 없다.

체면을 구기면 협상은 암초에 부딪힌다

벌써 20년도 더 지난 일이다.

나는 석유 가공판매회사의 신입 영업 담당으로서 스탠드 경영을 도급받고 있던 대리점 점주와 협상하는 입장에 있었다. 상대 점주는 당시 70세. 맨손으로 시작하여 자사 소유 포함, 수건의 스탠드를 경영하고 있던 신념이 확고한 경영자였다. 우리 측은 연간 사용료의 3퍼센트 인상을 요구했다. 나는 계약서를 제시하면서 서명할 것을 압박했다. '3퍼센트 정도 인상하는 것쯤은 문제없이 수용될 것이다'라고 안이하게 생각했던 것이다(지금 생각해보면 '협상의 여지가 없다'는 일종의 '기정사실을 이용한 타협 요구 전술'이다). 하지만 상대는 소규모이지만 뛰어난 경영자라는 자부심을 가진 사람이었다. 나는 상대의 체면을 상하게 했고, 결과적으로 사용료 증액 협상은 암초에 부딪혔다. 결국 나는 상사와 함께 사과하러 가야 했으니 나의 체면도 말이 아니었다.

상대도 의사결정권을 가지고 있다는 인식이 중요

협상할 때는 상대의 개인적인 감정과 평가를 존중해야 한다.

하지만 "상대의 감정 따위 무시해도 상관없다. 논의에서만 이기면 된다"고 생각하는 사람도 있다. 상황에 따라선 이런 접근이 옳을 수도 있다. 예를 들어 법정에서는 재판관이 최종적인 판단을 내려준다. 그러므로 상대의 논의를 깨뜨리는 게 중요하고, 상대의 감정에까지 신경 쓸 필요는 없다.

그러나 협상은 다르다. 협상에서 절대 잊지 말아야 하는 것은 상대도 의사결정권을 가지고 있다는 점이다. 즉 상대의 합의가 없으면 협상은 결렬된다. 그러므로 의사결정자로서 상대방의 개인적인 감정을 중시하는 것은 필수적이다. 물론 그렇다고 논의를 피하자는 것은 아니다.

상대가 입장을 바꾸도록 환경을 연출한다

특히 상대의 논의에 반론하는 경우나 상대에게 입장을 바꿀 것을 재촉할 때, 상대의 감정을 거스르지 않도록 해야 한다.

이를테면 "그러한 의견도 충분히 이해할 수 있습니다. 동시에 이러한 견해도 가능하지 않을까요?" 등 다른 전제에 입각한 견해를 제공한다. "……라는 점을 고려하면, 이러한 생각도 가능하다고 봅니다"는 식으로 추가 정보나 이유를 제공함으로써 다른 결론을 소개한다. "일반적으로 그럴 수 있겠지만, 본건의 특징에 비춰보면……" 하고 상대를 긍정하면서 개별 요인을 제공함으로써 다른 해석을 제시한다. 이상은 모두 상대의 자존심을 상하게 하지 않으면서 입장을 바꾸도록 배려하는 것이다. 또 일관성이 없다고 주위로부터 비난받는 일도 피할 수 있다. 상대가 입장을 바꾸기 쉬운 환경을 연출하기 위해서도 상대의 체면을 지켜주는 자세를 가져야 한다.

날선 분위기 누그러뜨리는 마법, 라포르(rapport)

협상에서건 일상적인 커뮤니케이션에서건 상대와 파장을 맞추는 것이 중요하다. 파장을 맞춤으로써 상대는 경계를 풀게 되고 동시에 방어본능도 수그러들기 때문이다. 그 결과 상대를 설득하여 보다 수월하게 합의에 이르게 된다. 파장을 맞추는 것을 심리학에서는 '라포르(rapport, 두 사람 사이의 상호 신뢰 관계를 나타내는 심리학 용어―옮긴이)' 형성이라고 한다. 라포르가 있느냐 없느냐에 따라 협상 전개가 크게 달라진다.

상대와 파장을 맞추는 것이 중요하다면, 구체적으로 어떻게 해야 할까?

라포르 형성의 기본은 미러링(mirroring, 거울에 비춰보다)이다. 예컨대 상대의 보디랭귀지인 동작 및 커뮤니케이션 타입에 적극적으로 맞춰주는 것이다. 미러링이라고 해도 어디까지나 파장이 있는 분위기를 연출하는 것일 뿐 상대와 똑같은 동작을 하는 것은 아니다.

상대의 커뮤니케이션 타입에 맞춘다

상대의 커뮤니케이션 타입에 맞추는 것부터 생각해보자. 그것을 위해서는 우선 상대의 타입을 파악할 필요가 있다.

기본 타입은 시각형(visual type), 청각형(auditory type), 촉운동형(kinesthetic type) 3가지로 분류할 수 있다.

시각형은 시각적인 정보에 강하게 반응하거나 시각적으로 사물을 파악하는 타입을 말한다. "아무래도 이야기가 선명하게 보이지 않는다", "논의의 초점이 흐려지고 있다", "확실한 전망이 보이지 않는다" 등 시각에 관한 표현이 많다면 시각형이라고 볼 수 있다. 그런 사람에게는 시각에 호소하는 표현을 사용하면 효과적이다.

"이 점을 제대로 듣고 싶다", "귀를 빌리고 싶다", "우리의 주장은 잡소리로밖에 들리지 않는다" 등 청각적 표현이 많으면 청각형이다.

"중요성이 느껴지지 않는다", "이 점을 제대로 받아들이고 싶다", "사내에서는 온도차가 크다" 등의 표현을 자주 쓰는 사람은 촉운동형이다.

이렇게 상대의 커뮤니케이션 타입을 이해한 다음에, 그 타입에 맞는 표현을 쓰는 것이 요령이다.

신체언어에도 동화해본다

또한 상대의 몸짓에 자신의 몸짓을 맞춰주는 것도 라포르를 형성하는 데 중요하다. 상대가 시선을 맞추는 타입이라면, 나도 맞춰주자. 시선을 피하는 타입이라면 상대의 눈을 응시하는 것은 피하자. 상대가 흥미를 보일 때 상체를 앞으로 내밀면, 나도 그렇게 해보자. 상대의 호흡 속도나 말하는 속도에도 맞춰보자.

이때 자연스럽게 맞추는 것이 요령이다. 목적은 파장을 맞추는 것이다. 상대가 위화감을 갖게 하면 오히려 역효과다.

최종적으로는 신체언어이든 커뮤니케이션 타입이든 라포르 형성은 어디까지나 협상이 원활하게 진행되도록 돕는 윤활유이자 조미료일 뿐이다. 파장을 맞추는 데 너무 신경을 집중하느라 중요한 협상 논의가 허술해지지 않도록 주의하자.

악녀들은 포기할 싸움에
매달리지 않는다

공들여 준비하고 힘들게 협상을 했는데, 꼬이고 실패했다면 대충 마무리하고 싶은 생각이 들 것이다. '그동안 쏟아 부은 노력이 얼만 데……' 하는 생각에서 스스로를 해방시켜야 한다. 이성을 회복하고 다시 한 번 유연하게 협상을 재구성하자. 마음의 체력이 강한 쪽, 다시 말해 늘 이성적이고 객관적으로 상황을 바라보는 쪽이 좀 더 유리한 결과를 얻는 법이다.

매몰비용은 깨끗이 잊는다

기업재무에서 중요한 개념 중의 하나가 '매몰비용(sunk cost)'이다. 이미 지출되어 회수가 불가능한 비용을 말한다. 회수를 기대할 수 없기 때문에 장래 투자를 생각한다면 매몰비용은 무시해야 할 항목이다. 협상에서도 이와 같은 생각이 가능하다. 많은 노력을 투입하면서 협상을 진행해온 경우, 그러한 노력을 허사로 만들고 싶지 않아서, 어떻게든 협상을 종결지으려고 한다. 그 결과 '배트나(협상이 결렬되었을 때의 차선책)' 이하의 안에 합의해버릴 위험이 있다.

금액에 얽매이는 주술

"이미 100억 엔을 이 사업에 쏟아 부었다. 채산성이 없다고 해서 지금 그만둘 수는 없다."

이미 투입된 거액의 자금에 심리적으로 얽매여 있기 때문에 나오는 말이다. 그러나 거액의 자금을 쏟아 부었다는 사실이 채산성이 보이지 않는 사업에 추가 투자를 정당화하는 이유가 될 수 있을까? 냉정하게 판단하면 답은 '아니요'다. 회수를 기대할 수 없는 과거 투자에 매몰되어 발생하는 추가 투자는 손실을 늘릴 뿐이다. 지금까지 투자한 100억 엔은 매몰비용이라 생각하고 깨끗이 잊고 사업을 중단해야 할 것이다. 그리고 새로운 추가 투자는 100억 엔의 매몰비용과는 분리하여 생각하되, 앞으로 어느 정도 회수가 가능한지의 기준을 가지고 검토해야 한다.

협상에도 있는 매몰비용

협상에서도 마찬가지다. 우선 협상에서 투자란 무엇일까? 그것은 협상에 쏟아 부은 막대한 시간, 경비, 노력 등이다. 그 투자의 회수가 상호 만족도를 높이는 합의안이라고 할 수 있다. 가령 오랜 기간에 걸쳐 분투, 노력한 보람도 없이 협상이 결렬될 징후가 보인다고 하자. "지금까지의 막대한 노력을 낭비로 돌리고 싶지 않다, 어떻게 든 합의에 이르고 싶다"는 심리가 강하게 작용한다. 이는 인간의 자 연스러운 감정이다. 하지만 그 결과 합의 자체가 목적이 되어버리 기 때문에 협상을 질질 끌게 된다. 그와 동시에 본래 해서는 안 될 양보까지 해버릴 위험이 높다. 자신의 배트나 이하의 합의안밖에 기대할 수 없다면, 깨끗이 협상을 그만두어야 한다. 협상에 들어간 노력은 배트나 이상의 합의안에 도달하기 위한 것이다. 무조건 합 의에 도달하는 것이 목적은 아니다. 협상에서도 매몰비용은 깨끗이 잊어야 하는 것이다.

이성을 가지고 감정을 억누른다

"최선을 다해 노력했지만 배트나 이상의 합의안을 바랄 수 없다"고 판단하면 과감히 손을 털고 일어날 필요가 있다. 그동안 협상에 들 인 노력은 회수 불가능한 매몰비용으로 생각해야 한다. 물론 간단 한 일은 아니다. 그러나 항상 냉정하게 상황을 보려고 노력한다면, 결단을 내릴 수 있을 것이다.

매몰비용을 이해하며 협상을 지켜본다

'주위의 시선'도 협상의 무의미한 연장이나 배트나 이하의 합의안 으로 이어지게 하는 요소다. "저렇게 시간을 들였음에도 결렬되었 는가?"라는 비판이 두려워 "내용은 차치하고 합의에 도달했다는 사실"을 남기고 싶은 충동에 쫓기는 경우도 있다. 따라서 협상가뿐

만 아니라 주위 사람들도 협상에서 매몰비용의 개념을 이해함과
동시에 감정에 휩쓸리지 않고, 이성적으로 협상을 지켜볼 필요가
있다.

쇼핑에서 부동산까지 협상에서 승리하는 법

응용 사례

– 실제 협상에서 한 가지 전술만 사용하는 일은 극히 드물다.
상황에 따라 임기응변으로 다양한 협상 전술을 사용해야 한다.

– 이 장에서는 지금까지 소개한 13가지 테크닉이 실제 협상에서 어떻게 복합적으로
사용되는지를 구체적 사례를 통해 보여주겠다.

– 신축 아파트 매매 협상을 예로 들겠다. 기본 테크닉과 그 변이가 어떻게 이용되는지,
또한 어떠한 국면에서 전술을 바꾸거나 복수의 전술을 사용하는지 그리고
최종적으로 어떻게 생산적인 협상으로 이끄는지 차분히 지켜보며 즐기기 바란다.

– 상대가 복수의 협상 전술을 쓰더라도 기본적인 대처법은 바뀌지 않는다.
항상 냉정함을 잃지 않는 것, 논리적인 것, 상대의 전술을 간파하는 노력을 하는 것,
그리고 생산적인 협상에 항상 유의하는 것이다.

응용 사례 : 어느 날의 협상
−신축 아파트 매매

시노노메 씨는 거대 부동산회사의 아파트 담당 영업사원이다. 그는 매우 성실한 사람으로, 협상을 할 때도 상호 만족도 향상을 중시한다. 오늘은 렌마 구에 있는 신축 아파트의 모델하우스를 담당하고 있다. 신축 아파트는 전혀 손색이 없지만 아파트 시장이 전반적으로 과잉 공급의 상황이다. 특히 이번 물건은 고가라 판매하기가 쉽지 않다. 부동산 판매회사로서는 당연히 재고를 감수하고 싶지 않기 때문에 다소 할인된 가격을 설정했다. 시노노메 씨가 상대해야 할 고객은 대기업 영업과장인 미나이 씨. 그는 아내와 함께 모델하우스를 방문했다. 초등학생과 중학생, 두 명의 자녀를 둔 미나이 씨 가족은 현재 살고 있는 좁은 아파트를 팔고 큰 집으로 넓혀 갈 계획이다. 자, 어떻게 전개될까?

영업사원(시노노메) : 잘 오셨습니다. 저는 상담을 맡고 있는 시노노메라고 합니다. 편안하게 구경하시고 질문이 있으면 언제라도 해주십시오.

고객(미나이 씨) : (내부를 둘러본 후) 역까지는 어느 정도 걸립니까?

→ 처음부터 질문이 좀 무뚝뚝하다. 그다지 좋은 첫인상이라고 할 수 없다. 그렇다고 맘에 안 드는 고객이라고 생각해선 안 된다. 열린 마음으로 대하자.

영업사원(시노노메) : 예. 도보로 15~16분 정도입니다.

고객(미나이 씨) : 꽤 멀군! 간선도로가 가까이 있지만 번거롭겠어. 공기도 나쁘지 않나? 오늘은 구름이 끼어서 알 수 없지만, 햇볕이 잘 들지 않을 것 같아. 5층인데도 조망이 그리 좋지 않고. 가까운 곳에 슈퍼마켓도 없는 것 같은데, 쇼핑하기에도 불편하겠어. 주변에 학교는 있는 모양이지만……. 녹지도 적고. 공원이 있나?

→ 미나이 씨는 조목조목 따져보며 잇따라 부정적인 질문을 던지고 있다. 상당한 압력이다. 아파트에 흥미가 있는지 없는지도 알아차리기 어렵다. 하지만 흥미가 전혀 없다면 일부러 모델하우스까지 발걸음을 하지는 않았을 것이다. 감정을 꾹 누르자. 전향적으로 생각하면 이만큼 트집을 잡는 것은 상당한 흥미를 가지고 있다는 것

으로도 이해할 수 있다. 이 경우 '좋은 사람/나쁜 사람' 전술의 가능성도 상정해두어야 한다.

영업사원(시노노메) : 아, 남편분께서는 이 아파트의 입지 조건에 관심이 높은 것 같습니다. 물건뿐만 아니라 입지도 중요한 체크포인트라고 생각합니다. 물건 자체가 좋아도 입지가 나쁘면 살기 어렵지요. 다행히 이곳은 간선도로에 대한 접근성이 뛰어나 아주 편리합니다. 대형 슈퍼마켓과 할인점도 차로 가면 5분 정도 걸립니다. 물론 가까운 곳에 편의점도 여러 개 있습니다. 간선도로와 가까워도 아주 인접한 것은 아니라서 소음도 별로 없습니다. 햇볕은 겨울에도 오후 3시쯤까지는 좋습니다. 역으로 여름에는 석양을 피할 수 있습니다. 8층 건물의 5층이라서 조망은 그럭저럭 괜찮습니다. 여름에는 유명한 고지마엔의 불꽃놀이도 볼 수 있고요. 초등학교도 가까운 곳에 있습니다. 작은 공원도 몇 개 있고, 차로 15분 정도 가면 연못이 있는 삼림공원이 있습니다. 산책하기에 안성맞춤인 휴식 공간이죠.

➡ 시노노메 씨, 제대로 대응하고 있다. 상대의 관심사를 인지하고 논리와 이성을 중시하면서 정중하게 답하고 있다. 여기에서 불친절한 태도로 상대를 정면에서 부정해버리면 상대는 점점 자기 입장을 고집하게 된다. 그 결과 고객을 놓칠 수 있다. 그 점에서 시노노메 씨는 상대의 관심사에 이해를 표하면서 성실하고 이성적으로 설명하고 있다.

고객(미나이 씨) : 그런가요. 하지만 부대시설은 어떻습니까? 주차장도 작은 것 같고, 엘리베이터 홀도 좁은 느낌인데요. 현관도 호화스러움이 부족한 것 같고. 나무 심은 것도 궁상맞고. 쓰레기는 어디에 내놓는 거죠? 통로에 그대로 내놓나요? 쓰레기 버리는 곳은 보이지 않던데.

➡ 남편의 반격이다. 부정적인 질문이나 발언을 계속하면, 아무래도 반발하고 싶어지거나 기운이 빠져버린다. 그러면 뒤따라오는 가격 협상에도 심리적인 영향을 주기 때문에 감정을 누른 다음 버티는 것이 요구된다.

영업사원(시노노메) : 주차장은 입체구조로 되어 있어 보기에는 작은 것 같아도 충분합니다. 그리고 거주 면적을 늘리는 대신 엘리베이터 홀이나 현관 등의 부대시설은 기능에 초점을 맞췄습니다. 쓰레기 수거장은 완전히 밀폐되어 있어 바깥에서는 보이지 않습니다. 그래서 까마귀 떼가 몰려오거나 악취가 나는 일은 없습니다. 신축 아파트라서 나무들은 앞으로 기르면 크게 자라겠지요.

➡ 감정적으로 반응하거나 주눅 들지 않고, 고객의 우려를 불식시키면서 성실하고 인내력 있는 대응을 보여주고 있다. ‘좁다’는 부정적인 질문을 ‘기능 중시’라는 표현으로 대체하고 있다.

고객(미나이 씨) : 뭐 그럴지도 모르겠지만……

➡ 미나이 씨, 조금 유연해진 것처럼 보인다. 진전이 있었다는 증거다.

➡ 고객의 주요 관심사를 이끌어내려는 노력을 하고 있다. 이미 복수의 의문에 답하였기 때문에 지나치게 빠른 것은 아닐 것이다. 좋은 타이밍이다.

➡ 고객의 관심사가 서서히 드러나고 있다. 이것은 더욱 큰 진전이라 할 수 있고 공략해볼 만한 지점이다. 시노노메 씨에겐 상대의 만족도를 향상시키는 절호의 기회다.

조합체제는 업계에서도 정평이 나 있습니다. 신뢰할 수 있는 관리를 기대할 수 있지요. 게다가 수년 후에는 가까운 곳에 지하철역이 들어설 예정이기 때문에 더욱 가치가 높아질 것입니다.

➡ 시노노메 씨, 남편의 주요 관심사를 정면에서 공략하고 있다. 매우 논리적이면서 효과적인 설명이다. 자산가치를 유지하기 위한 기본 요소를 개념적으로 제시한 다음 구체적인 설명을 하고 있다. 높이 평가할 만하다.

고객(미나이 씨) : 그렇다면 다행이군요. 하지만 관리비도 비싸고 수리비도 지불해야 하는데 수지가 맞을런지 모르겠군.

➡ 고객이 매우 전향적으로 바뀐 느낌이다. 좋은 전개다. 이때 미나이 씨 아내가 나선다.

고객(미나이 씨 아내) : 저는 아주 마음에 들어요. 방 배치에도 여유가 있고, 동선도 효율적이고, 통풍도 좋은 것 같아요. 전체적으로 천장도 높고 기둥이 튀어나온 곳이나 높낮이 차이도 적고요. 붙박이장도 훌륭해요.

➡ 아내는 매우 긍정적이다. 남편의 맹공이 있었던 뒤라 시노노메 씨에겐 특히 기분 좋게 들린다. 다만 좋아서 어찌할 바를 모를

정도가 되면 곤란하다. '좋은 사람/나쁜 사람' 전술의 전조일지도 모른다. 혹은 '예산은 이것뿐' 전술일 가능성도 있다.

영업사원(시노노메) : 마음에 드신 모양이군요. 바깥에선 알 수 없지만, 방음설계도 되어 있어서 오디오나 피아노 소리도 걱정할 필요가 없습니다. 최신식 마루난방도 완비했습니다. 욕실 환기 건조기도 설치되었고요. 붙박이장도 설치되어 있고, 수납 공간도 충분합니다. 주방에는 내진 걸쇠가 장착된 대형 싱크대를 설치했습니다. 또한 발코니 공간도 넓고, 방수 콘센트도 설치되어 있습니다. 물론 건설자재도 안전성을 중시했습니다. 24시간 환기 시스템으로 항상 신선한 공기가 통하도록 되어 있습니다. 실내 이산화탄소나 습기 제거도 걱정할 필요가 없습니다.

➡ 아내가 관심 있어 하는 분야를 적극적으로 공략하고 있다. 수납, 수도, 건강관리 등 주택 환경을 중심으로 한 구체적인 설명이 매우 효과적이다. '좋은 사람/나쁜 사람' 전술이든 '예산은 이것뿐' 전술이든, 고객의 전향적인 평가를 긍정하는 것은 중요하다. 포인트는 불필요하게 낙담하거나 기뻐하지 않는 것이다.

고객(미나이 씨 아내) : 마음에 드네요. 그리고 보안은 어떤가요? 남편의 출장이 잦아서 보안이 아무래도 신경 쓰이네요.

➡ 매우 중요한 발언이다. "상대의 말을 주의 깊게 듣는다"는 원칙을 명심하길 바란다. 아내의 중요한 관심사가 무엇인지를 알 수 있는 기회다.

영업사원(시노노메) : 보안이라면 확실합니다. 화재나 방범의 자동감지 기능이 방마다 설치되어 있습니다. 비상시에 즉각 경비원이 출동하는 시스템을 갖추었습니다. 단독주택에 비해 아파트는 보안 면에선 단연 우위입니다. 관리인도 성실한 인물을 고용한다는 게 저희 회사의 방침입니다.

➡ 시노노메 씨, 보안에 대한 아내의 걱정을 불식시키고 있다. 단호하게 결론부터 설명하고 있다. 경쟁 상대가 될 가능성이 있는 단독주택과의 비교는 아파트의 우위성을 돋보이게 하는 데 효과적이다.

고객(미나이 씨 아내) : 당신은 어때요?

고객(미나이 씨) : 나쁘지 않은 것 같군.

영업사원(시노노메) : 그렇습니까. 고맙습니다.
괜찮으시다면 이쪽으로 오십시오. 자 이쪽으로(두 사람과 함께 다이닝 룸에 있는 접수 테이블로 간다). 폐가 아니라면, 이쪽의 앙케트에 기입

해주시겠습니까?

➡ 시노노메 씨, 구체적인 거래 상담을 향해 한 걸음 내딛고 있다. 라포르도 충분히 형성되어 있어 좋은 타이밍이다.

고객(미나이 씨 아내) : 항목이 상당히 많네요(남편과 함께 앙케트에 기입한다).

영업사원(시노노메) : 현재 살고 있는 아파트를 팔고 새 아파트를 장만하는 것을 생각해보셔야지요. 그러면 집을 새로 사느라 서두를 일도 없을 겁니다.

➡ 시노노메 씨, 상대의 배트나(협상이 결렬되었을 때의 차선책) 탐색을 시작하고 있다. 어떠한 배경에서 미나이 씨 부부가 이 아파트에 흥미를 가지고 있는가는 추후의 협상 전개를 생각하는 데 매우 중요하다. 잘 파악할 수 있을까?

고객(미나이 씨) : 뭐, 지금 사는 아파트에서 급하게 나와야 하는 것은 아니지만, 아이들이 커가니까……. 단독주택도 충분히 시간을 두고 찾아봤지만, 마음에 드는 집이 없어서. 그래도 이곳은 제법 마음에 드는군.

➡ 시노노메 씨, 미나이 씨 부부의 배트나에 접근할 수 있었다. 자기 소유의 집이지만 좁아서 새로 옮겨가려고 한다는 것. 즉 현재 아파트에 계속 사는 것은 배트나로서는 약한 것이 된다. 시노노메 씨에게는 좋은 소식이다.

영업사원(시노노메) : 단독주택에 대해선 어떻게 생각하십니까?

➡ 시노노메 씨, 드디어 돈벌이에 나섰다. 미나이 씨 부부의 선택지를 찾는 관점에서 평가할 수 있다고 생각하고 있다. 다만 상대는 아파트에서 단독주택까지 염두에 두고 있기 때문에 리스크를 수반한다. 그러나 상대가 아파트에 흥미를 가지고 있기 때문에 단독주택에 대해서는 부정적인 회답이 나올 거라고 읽고 던진 질문이라면 성공적이다. 보안에 관한 아내의 견해도 알고 있어서 좋을 것이다. 만의 하나 단독주택을 좋게 평가하는 경우, 시노노메 씨의 회사가 취급하고 있는 단독주택이 있다면, 어느 정도는 리스크를 줄일 수 있을 것이다.

고객(미나이 씨) : 나는 단독주택이 좋은데. 작은 정원이라도 있는 게 좋거든.

고객(미나이 씨 아내) : 당신, 아직도 그 말을 해? 난 단독주택이 싫어. 그건 이미 결정된 사항이잖아. 알겠지!

고객(미나이 씨) : 알았어, 알았다니까.

고객(미나이 씨 아내) : 실은 결혼 전에 단독주택에 살았는데 몇 번이나 도둑이 들었어요. 그래서 아내는 단독주택이라면 질색해요.

➡ 좋지 않다. 부부의 입장이 반으로 갈린 것은 곤란하다. 아파트를 사자는 합의가 깨져서는 안 된다. 시노노메 씨, 남편과 아내 쌍방을 만족시킬 수 있는 발언을 해야 한다.

영업사원(시노노메) : 큰일 날 뻔했군요. 아파트, 그것도 5층이라면 손쉽게 침입할 수 없고, 조금 전에 소개한 설비에 더해 이쪽의 자물쇠는 안티 피킹 타입이라서 안심할 수 있습니다. 남편분은 정원에 관심이 있는 것 같은데요, 여기 발코니는 꽤 넓습니다. 그래서 단독주택 못지않게 정원도 가꿀 수 있다고 봅니다. 발코니용 정원 용품도 꽤 많이 파니까요. 충분히 즐기실 수 있을 겁니다. 거실 면적도 단독주택과 비슷할 뿐만 아니라 계단이 없으니 살기 편합니다. 틀림없이 만족하실 겁니다.

➡ 시노노메 씨, 두 사람 사이를 잘 중재하고 있다.

고객(미나이 씨) : 자네 잘하는군. 우리 회사에서 일했으면 좋겠군. 하하하.

➡ 진심인지 아닌지 모르겠지만, 남편도 긍정적인 말을 많이 하고 있다. 슬슬 '더 싸게 할 수 있지요' 전술이나 '예산은 이것뿐' 전술이 나올 법도 하다. 시노노메 씨, 주의가 필요하다.

영업사원(시노노메) : 농담이라도 기분이 좋은데요.

고객(미나이 씨) : 정말이야. 단도직입적으로 묻겠네. 만약 이 아파트를 산다면 얼마까지 깎아줄 수 있나?

영업사원(시노노메) : 예. 보시다시피 신축 아파트라서 이 표시 가격으로 부탁드립니다. 규정상 깎을 수 없게 되어서요…….

➡ '좋은 사람/나쁜 사람' 전술로 거절하고 있다. 여기에서 악역에 해당하는 것은 회사 규정이다. 안이한 할인은 금물이다. 우선 차분한 거래가 중요하다.

고객(미나이 씨) : 공식적으로야 그렇겠지만, 실제론 더 깎아줄 수 있겠지? 좀 전에 보고 온 물건은 신축이었지만 표시 가격의 15퍼센트는 깎아준다고 했는데……. 최근 회사 동료가 신축 아파트를 샀는데 20퍼센트 할인받았다고 하더군. 대기업인 미이케 부동산의 물건이었지. 특히 고가 아파트일수록 가격 할인 폭이 크다고 책에도 나와 있던데.

➡ 남편이 '더 깎아주세요' 전술, '타사와 비교하면……' 전술로 맹공을 펼치고 있다. 남편으로선 빠른 단계에 가격 할인을 이끌어 내고자 하는 것이 당연하다. 그다음에 추가 가격 할인 협상을 전개하려 할 것이다. 시노노메 씨, 모쪼록 "그 물건, 어차피 팔고 남은 겁니다!" 따위의 발언은 하지 않도록 주의해야 할 것이다.

영업사원(시노노메) : (미나이 씨의 말이 끝나자마자) 그런데 주택 재구입 예정과 관련된 것인데요, 현재 살고 있는 아파트는 언제쯤 팔 예정입니까?

➡ 시노노메 씨, 화제를 바꾸고 있다. 가격 할인을 할 수 있느냐 없느냐 하는 논의를 이 단계에서 하는 것은 바람직하지 않다. 시노노메 씨, 미나이 씨의 지불 능력을 탐색할 요량이다. 상대의 지불 능력을 파악하는 것은 가격 협상에선 필수적이다.

고객(미나이 씨) : 음, 아직 집을 내놓은 건 아니지만, 요즘 분위기를 봐선 구입 가격의 20~30퍼센트는 떨어지지 않을까 싶군. 입지는 나쁘지 않은데, 버블 절정기에 산 집이라서. 5천만 엔에 샀으니까 4천만 엔에 팔 수 있으면 감지덕지지.

영업사원(시노노메) : 대출액은 얼마나 남아 있습니까?

➡ 시노노메 씨는 계산하고 있다. "보수적으로 견적을 뽑아서 현재 살고 있는 집이 3,500만 엔에 팔린다고 한다면, 대출 잔액의 차액인 1,500만 엔이 새 아파트를 살 수 있는 자금인 셈이다. 보너스까지 포함해 미나이 씨의 연봉이 약 900만 엔이라고 치면, 차입 능력이 충분하다고 볼 수 있다. 아마 저축해둔 돈도 있을 것이므로, 새 아파트를 장만하는 데는 문제가 없다. 따라서 대폭적인 할인은 필요 없을 것이다. 물론 대출 이외에 큰 부채가 없다는 것이 전제이지만……"

➡ 시노노메 씨, 칭찬을 한 뒤에 갑자기 말하기 곤란한 질문을 던지고 있다. 좋은 능력이다.

라면 이 가격의 3분의 2면 될 텐데.

➡️ 미나이 씨, 신축은 아니지만 가격이 좀 더 저렴한 아파트라는 새로운 배트나를 들고 나왔다. 시노노메 씨에게 압력을 가하고 있다.

고객(미나이 씨 아내) : 아무래도 신축보다는 못 하죠. 게다가 이 아파트가 마음에 들고요. 하지만 아이들 학비도 만만치 않고, 남편도 언제 구조조정 여파를 맞을지 몰라 걱정이에요. 시노노메 씨라면 이런 사정을 감안해주시겠지요?

➡️ 미나이 씨 부부의 절묘한 합동작전이다. 배트나를 방패로 한 남편의 압력, 아내의 읍소. '좋은 사람/나쁜 사람' 전술, '더 깎아주세요' 전술, 그리고 구체적인 숫자는 제시하지 않았지만 '예산은 이것뿐' 전술을 모두 동원한 환상의 공격이라 할 수 있다. 자, 시노노메 씨, 어떻게 할 것인가?

영업사원(시노노메) : 고맙습니다. 이 아파트를 그렇게 마음에 들어 하시니까요. 벌써 구입하기로 결정을 내리신 것과 마찬가지네요. 저 역시 고객님에게 도움이 되고 싶군요. 이를테면 현재 살고 있는 집의 매각을 저희에게 맡겨주시겠습니까? 또한 자금 조달도 저희 관련 금융기관에서 하는 게 어떨지요?

➜ 상대로부터의 압력을 '구매 결정을 했다'는 긍정적인 해석으로 전환함으로써 계약으로 이끌어가고 있다. '압력 되돌리기'라고 할 수 있는 고도의 기술이다. 그와 동시에 시노노메 씨는 협상의 범위를 아파트 매매뿐만 아니라 현재 살고 있는 주택 매각 및 자금 조달에까지 넓히고 있다. 즉 패키지 딜로 전환하고 있다. 이렇게 하면 다소 가격을 할인하더라도 전체적으로 괜찮은 수익을 기대해볼 수 있다. 미나이 씨 부부에게도 창구가 단일화되어 주택 매각 및 재구입 면에서 경제적이다. 쌍방의 만족도를 높일 수 있는 긍정적인 제안이다.

고객(미나이 씨) : 그러면 되겠군요.

영업사원(시노노메) : 다행이군요. 이를테면…….

협상은 아주 좋은 방향으로 진행되고 있다. 이 거래 상담은 좋은 결말을 맞을 것이다.

옮긴이 **정택상**

일본 경제·경영서 전문 번역가. 현재 전문 번역가로 왕성하게 활동 중이며
일본에 깊은 관심을 가지고 그들의 정치와 경제, 사회 등을 연구하는 일에 몸담고 있다.
옮긴 책으로 『버블경제학(결국, 돈과 경제의 흐름은 버블이 결정한다)』,
『성공 곡선을 그린다』, 『목숨 걸고 일한다』, 『결정적 순간, 1분 성공 암시』,
『인도를 읽는다』, 『자연을 만드는 기업』 등 다수가 있다.

쇼핑에서 부동산까지
어수룩하게 당하지 않는

악녀의 협상법

초판 1쇄 인쇄_ 2010년 3월 20일
초판 1쇄 발행_ 2010년 3월 25일

지은이_ 다카스기 히사타카
옮긴이_ 정택상
펴낸이_ 명혜정
펴낸곳_ 도서출판 이아소

종이_ 대림지업
필름출력_ 소다미디어
인쇄_ 현문
제본_ 바다제책
코팅_ 서울코팅

등록번호_ 제311-2004-00014호
등록일자_ 2004년 4월 22일
주소_ 120-840 서울시 마포구 서교동 408-9번지 302호
전화_ (02)337-0446 팩스_ (02)337-0402

책값은 뒤표지에 있습니다.
ISBN 978-89-92131-28-5 03320

도서출판 이아소는 독자 여러분의 의견을 소중하게 생각합니다.
E-mail: m3520446@kornet.net